La fidélité à soi

La fidélité à soi

PLACIDE GABOURY

LES ÉDITIONS
Quebecor

Données de catalogage avant publication (Canada)

Gaboury, Placide, 1928-
    La fidélité à soi
    (Collection Psychologie)
    ISBN 2-7640-0370-6
1. Autonomie (Psychologie). 2. Moi (Psychologie). 3. Actualisation de soi.
I. Titre. II. Collection: Collection Psychologie (Éditions Quebecor).

BF575.A88G32 1999   153.8   C99-940972-7

LES ÉDITIONS QUEBECOR
7, chemin Bates
Outremont (Québec)
H2V 1A6
Tél.: (514) 270-1746

©1999, Les Éditions Quebecor
Bibliothèque nationale du Québec
Bibliothèque nationale du Canada
ISBN: 2-7640-0370-6

Éditeur: Jacques Simard
Coordonnatrice de la production: Dianne Rioux
Conception de la page couverture: Bernard Langlois
Photo de la page couverture: Photodisc
Révision: Sylvie Massariol
Correction d'épreuves: Francine St-Jean
Infographie: René Jacob, 15e Avenue

Nous reconnaissons l'aide financière du gouvernement du Canada par l'entremise du Programme d'Aide au Développement de l'Industrie de l'Édition pour nos activités d'édition.

À mon ami
le docteur Richard Verreault

INTRODUCTION

Ce petit livre est un appel à l'autonomie.

À la naissance, chaque humain est évidemment unique et singulier, mais il n'est certainement pas autonome. Il lui faudra même beaucoup de temps et de vécu pour apprendre à l'être, car si le fait d'être unique est une caractéristique innée, en revanche, le fait d'être autonome est acquis au moyen de beaucoup d'attention. Il faut beaucoup de temps et de perspicacité pour parvenir à l'autonomie vis-à-vis de sa famille, de son milieu, des croyances et des préjugés transmis par son éducation, ainsi que vis-à-vis des attaches et des identifications que l'on aura entretenues. En somme, il nous faut nous reprendre, redevenir nous-mêmes, nous reconquérir, nous rééduquer. Or personne ne peut enseigner à un autre l'autonomie, justement parce que c'est tout d'abord de l'influence extérieure qu'il s'agit de se libérer.

C'est, du reste, ce que nous apprend l'origine du mot « autonomie » – *autos, nomos* en grec –, c'est-à-dire « la loi propre à chacun, la ligne de conduite personnelle, la fidélité à entendre et à suivre sa voie ». En effet, être autonome signifie que l'on n'imite personne, que l'on cherche ses propres réponses aux questions individuelles, que l'on réfléchisse au sens de sa vie au lieu de s'en remettre à un gourou ou de suivre le troupeau. Être autonome, c'est donc cesser de croire tout le monde pour composer sa propre opinion et faire ses choix personnels. (Même la démocratie, si elle veut être authentique, supposera que les citoyens soient individuellement autonomes, ce que, bien sûr, ils sont loin d'être habituellement.)

Or si l'autonomie est le contraire de la soumission, de l'obéissance et de la dépendance, elle n'est pourtant pas une révolte, car celle-ci est une réaction adolescente qui indique que l'on n'est justement pas encore autonome vis-à-vis de ce contre quoi on s'insurge.

La priorité :
la connaissance de soi

Ce qui permet tout d'abord d'être autonome, c'est le fait de se connaître comme il faut. Mais cela est plus difficile qu'on ne le croit, du fait qu'on se protège justement contre cette possibilité, en se cramponnant aux acquis, aux préjugés, aux croyances ainsi qu'à sa mauvaise foi. En fait, *nous ne voulons pas vraiment nous connaître*. C'est même la chose que l'on craint le plus, selon mon ami le psychiatre Richard Verreault. C'est donc la première barrière à traverser. Il ne faudrait donc pas croire qu'on se connaît du seul fait que l'on a longtemps vécu avec soi ! Du reste, il suffit de se poser la question : « Qu'est-ce que j'évite le plus dans la vie ? » pour s'apercevoir que c'est beaucoup moins clair qu'on ne croyait.

Il s'agira donc, en premier lieu, de voir ses refus et ses résistances à se connaître. Ensuite peut commencer la vraie transformation, qui consiste à reconnaître ses croyances naïves, ses besoins de dépendre, de copier les autres, de se soumettre à leurs demandes et à leurs pouvoirs. Non seulement nous aimons dépendre, mais nous allons jusqu'à blâmer les autres pour nos malheurs, refusant ainsi d'assumer nos responsabilités et nos limites. Car, même si nous ne sommes pas maîtres de la vie en général, nous devons être maîtres de celle qu'il nous est donné de vivre, si nous voulons une vie humaine digne de ce nom.

Nos façons de dépendre de l'extérieur

Après avoir reconnu notre résistance à nous connaître, nous pouvons considérer la façon dont nous dépendons des autres, de leurs charmes, de leurs pouvoirs et de leurs opinions. Et une fois reconnues ces dépendances à l'égard d'autrui, nous aurons fait le premier pas dans la connaissance de soi. Nous naissons à nous-mêmes. L'autonomie est commencée. En effet, elle se pratique tout d'abord à l'égard des autres – parents, chefs, autorités, opinions à la mode –, ensuite à notre égard, par un examen de nos croyances et de nos prétentions.

L'attachement à nos croyances

En effet, ce n'est qu'une fois reconnues les dépendances extérieures qui sont les plus évidentes, que nous pouvons nous atteler aux croyances naïves que nous entretenons à notre égard, c'est-à-dire celles qui touchent de très près notre sensibilité, notre susceptibilité, nos illusions sur nous-mêmes – nos prétentions. Ces couches de conditionnement sont profondément enfouies dans la conscience et sont, par conséquent, loin d'être évidentes ! Or ce que nous appelons le «petit moi», c'est justement ces feuilletés de croyances que nous entretenons à notre égard et vis-à-vis du monde extérieur. Ces feuilletés sont accumulés et entretenus au cours de la vie, de telle sorte qu'on ne les voit plus comme des feuilletés acquis, mais comme notre véritable nature.

Après ce long périple d'apprentissage à soi, apparaît un véritable contentement : le plaisir d'être enfin soi-même et de suivre l'appel intérieur, jusqu'ici obstrué par nos paravents d'illusion. On rentre petit à petit dans la réalité. La fidélité à soi devient désormais le premier critère de notre activité, de nos engagements et de notre façon de voir la vie. Et dans la société d'aujourd'hui, c'est là une chose rare, qui mérite, par conséquent, d'être hautement célébrée.

❊ ❊ ❊ ❊ ❊

Plusieurs des textes qui suivent sont parus dans le magazine *Lumière et vie*, mais je les ai remaniés et complétés. Et comme cette chronique ne paraissait que mensuellement, il était difficile de reconnaître un lien entre chaque article. Il se peut même que le lecteur n'y ait aperçu aucun lien, alors qu'en réalité, l'auteur ne faisait que développer une longue et lente méditation sur l'autonomie individuelle et le besoin d'être tout d'abord fidèle à soi, de même que sur la nécessité de penser par soi-même en cessant de croire aux propagandes. Ces méditations pédagogiques – je demeure au fond un éducateur – sont ici réunies pour la satisfaction de l'auteur(!) et, je l'espère aussi, pour le bienfait et le plaisir du lecteur.

Dans ce court essai où les chapitres sont également succincts, je vais aborder l'autonomie ou la fidélité à soi sous plusieurs angles et dans différents contextes. Il s'agira tout d'abord de la façon dont nous perdons notre autonomie par la croyance naïve, c'est-à-dire la crédulité, et comment celle-ci nous envoûte complètement. Voilà qui est important puisque c'est la crédulité qui empêche la connaissance de soi, la crédulité s'opposant carrément à cette dernière.

J'exposerai ensuite notre attitude vis-à-vis des épreuves, pour voir combien nous refusons les frustrations naturelles à la vie. Cette résistance à la vie bloque carrément la possibilité d'être autonomes. Et comme notre crédulité n'est jamais aussi évidente que dans notre dépendance à l'égard des groupes, il sera ensuite question du piège que ceux-ci nous tendent.

Je traiterai également de nos façons de considérer la santé, le rêve, le sens de la vie, le monde « virtuel », l'art et le pouvoir que nous croyons avoir sur la vie. Le chapitre final est une longue exploration de la spontanéité de la vie en nous, de cette spontanéité que j'appelle « intelligence du corps ». En effet, si l'on est à l'écoute de cette sagesse muette mais globale, on se libérera du besoin de tout comprendre avec sa tête, de tout exprimer, de tout expliquer.

Chapitre 1

LA FIDÉLITÉ

De quelle fidélité s'agit-il?

On dit que, de nos jours, le sens de la fidélité s'est perdu. Mais encore faut-il se demander de quelle fidélité nous parlons. Celle du toutou qui ne vous lâche pas d'un pouce? Du croyant devenu intolérant à force de fanatisme? Ou encore de la fidélité de celui qui se sacrifie pour l'autre jusqu'à perdre sa propre identité à force de refouler ses colères profondes? Si ce genre de fidélité s'est perdu, c'est plutôt un gain qu'une perte!

Le mot «fidélité» vient du latin *fides* (foi), qui a donné «fiancé, confiance, confidence». La fidélité signifie habituellement la constance dans l'attachement à une personne, à un groupe ou à une doctrine. Mais est-ce là toujours de la vraie fidélité?

La fidélité à soi

On parle surtout de fidélité à autre chose qu'à soi. Alors que pour moi, c'est dans la fidélité à soi-même que se trouve la source de toute fidélité. En effet, comment être fidèle et transparent à l'autre, alors qu'on ne l'est pas à soi-même? Si donc je suis fidèle à une doctrine religieuse ou politique et que je finisse par en devenir l'objet, la propriété, je suis certes un grand fidèle, un membre loyal, mais j'aurai perdu mon autonomie dans le processus. Or si la fidélité doit se faire aux dépens de l'autonomie, elle n'est rien d'autre qu'une infidélité à soi, une trahison de son être, une incapacité à se réaliser.

On est donc partagé entre deux pôles : fidélité aux autres/fidélité à soi. Au début de la vie, on est happé par les autres : mère, père, famille. À l'adolescence, on n'est pas encore vraiment autonome par rapport à ces liens, puisqu'on se fait de nouveau happer par le besoin d'autrui, en devenant amoureux. Suivront sans doute plusieurs mouvements de balancier où l'on apprendra par la solitude à se rencontrer, à être fidèle à soi, à écouter la sagesse du corps.

La fidélité à une personne

Vient ensuite l'âge adulte. Dans la mesure où les moments de solitude auront réussi à nous ouvrir à une certaine fidélité à nous-mêmes, nous pourrons réellement être fidèles à une autre personne. L'autonomie demeure toujours première même au milieu d'une appartenance, c'est-à-dire que la fidélité à soi ne peut jamais être avalée par la soumission ou la fidélité à l'autre. Car il est évident pour moi qu'être fidèle à soi est la clé et la condition de tout engagement profond et créateur envers quelqu'un d'autre.

La fidélité à un groupe

Il m'apparaît également clair que la fidélité à soi est la condition préalable à tout engagement envers une doctrine ou un groupe. Il suffit de se rappeler le cas des intellos les plus forts de la France qui se sont laissés complètement envoûter par le nazisme et le communisme : leur émotivité non reconnue a eu raison de leur «tête bien faite». Si l'on ne reconnaît pas son émotivité, on ne peut être autonome vis-à-vis d'un groupe politique fascinant, d'une secte envoûtante, d'une religion puissante et bien installée. L'autonomie sera avalée par le besoin d'appartenir, de dépendre, d'obéir.

C'est probablement dans l'amitié que la fidélité à soi est en équilibre par rapport à la fidélité à l'autre, sans que ni l'une ni l'autre ne se perdent. L'équilibre entre ces deux pôles pourrait même être une bonne description de l'amitié. En effet, dans une amitié éprouvée, la relation est transparente, n'attendant rien de l'autre et demeurant constante malgré les défaillances, les absences et les silences. Cette relation pourrait même être le modèle de tout amour. Il est certain qu'une relation amoureuse qui ne serait pas fondée sur une solide amitié aurait peu de chances de croître ou même de durer.

Aussi, selon moi, la fidélité à soi est-elle finalement ce qui caractérise une personne humaine accomplie. Tout en demeurant en relation ouverte avec son entourage, celle-ci ne se laissera pas envahir par autrui ou complètement absorber par leurs doctrines et leurs propagandes. Elle sera capable de trouver sa propre réponse aux énigmes de sa vie. Car, si c'est la variété des êtres qui nous enrichit, ce sont surtout et d'emblée ceux qui sont autonomes et intégrés qui nous poussent à trouver notre propre autonomie. En revanche, la masse évite à tout prix l'autonomie et l'unicité de l'individu ; elle tend inévitablement à noyer tout le monde dans une conformité béate qui ne se permet pas de penser, étant donné que penser par soi-même est déjà un gage d'autonomie, donc d'abandon de la foule. Cette dernière méprisera même celui qui s'en détourne pour se trouver lui-même.

Chapitre 2

DÉPENDANCE
OU AUTONOMIE ?

De nos jours, les mots « autonomie » et « dépendance » ont souvent une connotation politique. Cependant, si chacun était autonome, la question d'être un pays autonome serait superflue et sans grand intérêt. En effet, un pays n'est qu'un espace géographique rassemblant un certain nombre d'individus ; c'est avant tout ceux-ci qui existent et c'est leur valeur qui détermine celle du pays. Que vaudrait, en effet, un pays autonome si ses citoyens demeuraient dépendants comme des moutons?

La question de la réussite sociale, de la satisfaction, du bonheur et de l'amour harmonieux se situerait donc dans la présence ou l'absence d'autonomie des individus, c'est-à-dire de ces entités qui sont intégrées, responsables et fidèles à leur unicité. Car si l'on est émotivement ou physiquement dépendant des autres, d'un système, d'une famille ou d'un parti, on ne peut être bien ni avec soi ni avec autrui. Mais on peut longtemps croire le contraire.

Les deux pôles d'attraction

Au point de départ, nous sommes tiraillés entre deux attractions, deux appels fondamentaux : le besoin d'être unis (ou fusionnés à quelqu'un, à un groupe) et le besoin d'être autonomes. Dès le début de la vie, la première matrice qui s'imprime en nous est celle de l'appartenance, de l'union – de la dépendance. Mais avec la croissance, c'est l'autre pôle qui prend le dessus : l'enfant se met à parler, à marcher, à exprimer ses goûts et ses refus, répondant ainsi au besoin d'autonomie. Cet appel se renforce jusqu'à l'adolescence, où l'on cherche à tout prix à ne plus appartenir aux parents ni même à leur ressembler.

Mais au beau milieu de cette autonomie encore fragile, faite surtout de révolte, apparaît un autre élan vers la fusion et la dépendance : la passion amoureuse, la relation émotive/sexuelle. Cette flamme brûlera quelque temps, remplacée par un nouveau besoin d'autonomie. On se quittera pour un moment, césure qui permettra d'apprendre ce qu'est l'autonomie, qui se forge surtout pendant une solitude. Ainsi, l'individu fera-t-il plusieurs fois la navette entre les deux pôles dépendance/autonomie, jusqu'à ce qu'il comprenne que l'on ne peut vivre sans l'un ni l'autre.

L'autonomie prioritaire

Mais la croissance ne s'arrête pas là : il s'agit maintenant de comprendre que s'il faut un minimun d'appartenance, c'est tout de même l'autonomie qui crée un être libre, créateur, capable d'aimer (et, sans doute, de créer un pays libre). Car si c'est l'appartenance qui est la première expérience de la vie, elle n'a de sens que si l'on arrive à être autonome ; autrement, on demeure infantile toute sa vie. En d'autres termes, il n'y a pas de croissance intérieure : le corps est adulte, mais la mentalité appartient à l'enfance.

Par conséquent, je pense que si c'est la dépendance qui apparaît en premier, c'est toutefois l'autonomie qui doit finalement l'emporter si l'on veut devenir un individu fort, épanoui, créatif et fidèle à lui-même. Certes, il y aura de l'attache amoureuse, mais on cessera d'exiger la présence et l'attention continuelles de l'autre : on pourra vivre sa vie tout en étant à la fois relié et non dépendant. Je dirais même que c'est l'autonomie des deux participants qui garantit l'authenticité et la solidité d'une union. Ce ne serait pas tout d'abord l'union qui compterait, mais l'autonomie dans l'union, parfois même l'autonomie malgré l'union. (Car le but de la vie ne semble pas de créer un couple durable, mais d'être continuellement en croissance, que l'on soit seul ou accompagné.)

On proclame, on prêche et on chante partout que «l'essentiel, c'est d'être aimé». Mais cela ne décrit que la phase infantile, celle de la dépendance. Ce n'est pas encore de l'amour, mais plutôt un état de manque. On apprend à aimer qu'en ayant vécu des solitudes, des séparations et des deuils. C'est là que l'on apprend qui on est, sans référence aux autres. C'est là qu'on apprend à individualiser son organisme, sa pensée et sa vie. Et c'est seulement à partir de cela que nos références aux autres peuvent être adultes.

CHAPITRE 3

D'UN PÔLE À L'AUTRE

Les pôles séparés

Aujourd'hui, la planète Terre est de plus en plus parcourue, balisée, analysée et répertoriée en tous sens et à partir de tous les points de vue. Même les deux pôles qui avaient été longtemps considérés comme inaccessibles ou inexistants, sont maintenant aussi connus que les terres depuis longtemps habitées. Pourtant, le temps et l'espace étant ce qu'ils sont, il ne sera jamais possible d'approcher de l'un des pôles sans s'éloigner de l'autre. En effet, il en est ainsi dans le monde de l'espace extérieur, puisque l'opacité de la matière et des corps ainsi que les conditions spatiotemporelles empêchent que ce qui est séparé physiquement puisse jamais être fusionné en un même moment et en un même lieu.

On demeure toujours en dehors des choses que l'on observe ou connaît. Connaître, c'est précisément ne pas être la chose connue, c'est plutôt la regarder d'un point de vue extérieur, la reconnaître comme autre que soi. C'est ainsi que la connaissance libère de l'identification à la chose, et la connaissance scientifique – la connaissance modèle dans le domaine des réalités spatiotemporelles – n'est possible que si le chercheur conserve une certaine distance vis-à-vis de son objet d'étude. Car il s'agit d'une connaissance objective – celle qui concerne les objets et les faits en dehors de soi –, puisque le sens du mot « objet », c'est justement « ce qui est jeté devant le regard ».

Les pôles unis

Mais dans le monde de l'espace intérieur, il en va tout autrement, à mesure que l'on descend dans les profondeurs de la conscience. Ce monde est même à l'opposé du monde extérieur. Qu'est-ce à dire ? Tout d'abord, les pôles – les expériences opposées ou conflictuelles, les polarisations, les dualismes, comme bien/mal, plaisir/déplaisir, passé/avenir, attraction/répulsion ou naissance/mort –, ne sont pas séparés sur le plan spatial, mais simultanés en nous, c'est-à-dire dans notre corps et notre vie. L'expérience peut très facilement contenir et absorber des événements temporels qui sont contradictoires ou paradoxaux, telles les couches superposées de temps (enfance, adolescence, âge adulte, vieillesse), télescopées en un seul moment – le présent.

C'est que chacun de nous est à la fois pôle intérieur (conscience) et pôle extérieur (corps), c'est-à-dire invisible et apparemment intemporel, en même temps que très visible et soumis au temps. Passé et avenir semblent parfois inclus l'un dans l'autre, au point que l'on se demande parfois si certaines images perçues ne sont pas dues à un souvenir d'autrefois, à un film oublié, à un rêve, à un passage de roman ou simplement à une prémonition. On ne peut pas non plus (habituellement) se souvenir de sa naissance ou évoquer sa mort, tellement ces deux extrémités se perdent dans un au-delà du temps ou renvoient tout simplement au moment présent qui seul existe. Ainsi, fin et commencement nous apparaissent-ils parfois comme une seule chose, comme l'écrivait le poète contemporain T. S. Eliot : « Dans mon commencement se trouve ma fin », parole qui fait écho à Héraclite, le philosophe grec qui a vécu 500 ans avant notre ère :

«Le chemin qui avance est le chemin qui recule.» En effet, tout est toujours maintenant.

Les deux pôles : ombre/lumière

Nous sommes tissés de lumière et d'ombre, comme les deux faces d'une tapisserie. Nous aimons quelqu'un tout en le détestant, et «nous broyons notre bonheur en voulant l'étreindre». Nous sommes faits de liberté et d'esclavage, d'ouverture et de fermeture, grouillants de dieux et de démons. Nous dorlotons notre égoïsme tout en voulant la générosité; nous sommes habités de guerre et de violence en prétendant vouloir la paix; nous sommes soumis à des dépendances contredites par des désirs de liberté. Mais notre erreur, c'est peut-être de croire que nous atteindrons la paix, la liberté et l'amour en niant, en écrasant ou en tuant leurs contraires.

Certes, on peut toujours penser que la paix viendra si on lutte contre la guerre et la violence (toutes ces campagnes idiotes pour mettre fin à la violence, à la guerre – le fameux «jamais plus» qui resurgit périodiquement et qui s'avère fatalement un «encore et toujours»). On peut également croire que la tolérance surgira de l'intolérance enfin écrasée, que la «pureté» morale régnera si on se mortifie et se mutile suffisamment et si l'on persécute avec assez d'énergie les personnes «immorales». De la même façon, on se convaincra que le dieu est le pôle opposé du diable, et que la lutte entre eux comme entre le bien et le mal dure depuis toujours et durera jusqu'à ce qu'un des deux écrase l'autre. Cela semble calqué sur les pôles Nord et Sud, qui demeurent irrémédiablement opposés, ou sur le positif et le négatif de l'aimant – autant de réalités factuelles et complètement incompatibles, pensons-nous. Ainsi avons-nous fait d'un concept (le bien ou le mal) une réalité aussi physique que notre corps. En effet, plusieurs croient même que le Mal rôde comme une sorte de fantôme tout-puissant qui menace les Gens de Bien – qui sont, évidemment, un «nous» par opposition aux «autres».

Le nénuphar humain

Mais supposons que l'être humain soit fait comme une plante, disons un rosier qui se délecte de fumier ou encore un nénuphar qui pousse avec beaucoup de bonheur dans la boue. Tous deux prennent racine dans quelque chose de caché, de peu agréable à notre point de vue, mais qui est réel et regorge de vie. Le nénuphar ne peut rester vivant, encore moins fleurir, s'il est coupé de ses racines et de la vase qui nourrit celles-ci. En réalité, le nénuphar ne fleurit qu'uni à sa boue. Et c'est sans doute ainsi que la lumière, la générosité et la beauté en nous sont liées à l'ombre, comme le positif au négatif, le bien au mal, l'âme au corps, le dieu au diable.

Au Moyen Âge, on disait communément que « le dieu est l'envers du diable », tout comme les deux faces d'une médaille : aucune n'est meilleure que l'autre et aucune ne peut exister sans l'autre, toutes deux formant une unité, comme les pôles d'un aimant constituent l'électricité. Ainsi, la vie dans sa totalité est-elle composée de deux pôles, et ce, à tous les niveaux et à travers tous les règnes de la nature. C'est justement ce qui fait sa beauté et assure sa durée. Finalement, ne vouloir que la lumière, la bonté et la douceur, c'est refuser ce qui gronde au fond de nous et nous mange nos meilleures énergies – les résistances, l'égoïsme et la violence. C'est refuser notre totalité.

Si donc je veux être libéré de ma colère, de ma haine ou de ma dépendance – qui sont considérées dans notre société comme moins que bien –, je commencerai par admettre le fait, par observer ces réactions nourries de peur, mais sans les juger ou les condamner. Et je pratiquerai cette forme d'attention qui me permettra de me raccorder un peu plus à moi-même, de me re-cueillir. Cela est, du reste, facile à comprendre : comme ces nœuds d'émotivité sont dus à des refus, à des négations, à des rejets de soi, et qu'ils sont repoussés dans les tréfonds de l'inconscience, la seule façon de les libérer, c'est d'agir en sens inverse : ne rien rejeter, juger ou nier de tout ce qui est là et qui fait partie de moi, que je le veuille ou non, que je l'aime ou pas. On ne peut aider un fils dévoyé qu'en le laissant tout d'abord exister comme tel, sans le juger, sans le placer dans une case appelée «mauvais», «indésirable», «perdu» («Je ne veux plus te voir!»). Toute notre culpabilité – qui est le foyer nourricier d'une bonne part de notre mal de vivre – vient de ce qu'on n'a pas pour soi le minimum d'amitié qui consisterait à nous regarder tel que nous sommes et de laisser exister tout ce qui s'y trouve, sans vouloir le rejeter, le fuir ou l'«améliorer», car ce serait encore ajouter une autre couche à notre souffrance.

Se voir tel que l'on est

Un jour, Jack Kornfield, celui qui m'avait enseigné la méditation dans les années 70, revint en Amérique après quinze ans de méditation dans un monastère bouddhiste, en Thaïlande. Comme il se croyait bon et solide, il décida de voir s'il pourrait vivre en tant que moine dans son pays d'origine. Or en allant retrouver sa sœur qui travaillait chez Tiffany's, à New York, il traversa la 42e Rue, la plus mal famée de l'époque. Il fut si terrifié par ce qu'il y rencontra que, d'un seul coup, il s'aperçut que pendant ces quinze ans, il n'avait fait que fuir ses démons. Il pensait que c'était ainsi qu'on se sanctifiait!

Découvrir son amertume, sa résistance, sa prétention, c'est le début de sa guérison : une occasion de se rencontrer enfin sans se mentir. Chacun de nous a pu observer qu'en acceptant une épreuve, un échec, une séparation, un deuil ou une grande maladie, sa vie s'était rajustée, éclairée, renforcée. Quant à moi, je suis reconnaissant de n'avoir pas été cajolé, apprécié ou encouragé par mon père, qui méprisait un fils de cultivateur trop malade pour manier la fourche ou la charrue. Je me suis aperçu beaucoup plus tard, à force de regarder tout cela sans trop d'émotion et de rejet, que ce n'était là qu'une expérience-choc qui allait servir à me réveiller, à me bâtir une confiance en moi, à conquérir mon autonomie. Mais la condition, c'était de reconnaître et d'accepter, c'est-à-dire d'intégrer ce qui avait été écarté, comme un membre de sa famille que l'on embrasse enfin après des années de conflit silencieux. Ce qui m'était arrivé – le rejet du père, l'asthme durant quinze ans –, ce n'était pas le « mal », c'était ce qui avait été mal aimé. Mais, entendez-moi bien : je ne veux pas dire « mal aimé par les parents ou les autres », je veux dire « mal aimé par moi ».

En effet, s'il est une leçon que j'ai tardé à apprendre, et qui m'a été essentielle à la compréhension de ma vie, c'est que ce n'est pas le fait d'être aimé par quelqu'un qui guérit notre guerre civile intérieure, c'est d'être aimé par soi-même, de s'accepter de la racine à la cime.

C'est-à-dire que ce qui guérit et donne la paix, c'est que la lumière en moi aime et épouse les ténèbres, que la lumière du nénuphar s'unisse aux ténèbres de la racine. Que le dieu aime les démons en moi, et qu'ainsi seulement je serai entier et en paix. C'est cela « rentrer au paradis » : ce n'est pas aller vers l'agréable ou le satisfaisant – *Tahiti pour toujours !* –, c'est unir les deux pôles dans un embrassement qui n'annule pas les différences ou les oppositions, mais les reconnaît en les accueillant. C'est le fait de les comprendre, comme on dit à la fois « je te comprends » et « la terre comprend un grand nombre d'habitants ».

Contrairement à ce que dit la chanson, l'essentiel n'est pas « d'être aimé » – ce qui est simplement le prolongement de l'état infantile et dépendant –, mais c'est de s'aimer assez pour intégrer « le bon comme le mauvais » en nous. C'est l'unité des deux pôles qui nous guérit, ce n'est pas la lutte de l'un contre l'autre ou l'absorption de l'un par l'autre. On voit ici que ce qui se passe en nous (entre un aspect qui veut en soumettre d'autres) est le reflet de ce qui se passe entre nous à l'intérieur de la société, où il y a toujours quelqu'un qui cherche à dominer, à être « le coq sur le tas de fumier » !

L'éternité dans le temps

Chacun de nous s'est aperçu que depuis son enfance, le corps a changé plusieurs fois et de plusieurs façons. Le corps du nourrisson, de l'enfant, de l'adolescent et de l'adulte n'a jamais été le même. Mais n'y avait-il pas quelque chose qui ne changeait pas ? Apparemment oui. Il y avait le Je. Tout enfant, je disais « maman, j'ai faim », puis « j'ai besoin d'être libre », ensuite « je t'aime follement », et plus âgé « je suis malade », etc. Toujours le même Je, mais jamais le même corps, les mêmes contextes ni les mêmes émotions. C'est comme si on se tenait toujours debout dans un courant qui coulerait sans arrêt. Ou, dans les mots du poète Apollinaire :

Passent les jours et passent les semaines...
Les jours s'en vont, je demeure...

La conscience profonde est toujours là, alors que le corps change d'espace et de temps.

La source et la fontaine

Mais une image plus juste serait celle de la source derrière la fontaine : cette dernière est de fabrication humaine, tandis que ce qui la nourrit et sans quoi elle n'aurait pas de sens, c'est la source, secrète, intarissable, invisible. Or celle-ci est toujours présente, encore plus que la fontaine, qui ne fait que rappeler la source, que pointer vers elle, que signifier la présence de celle-ci à l'arrière-plan. Du reste, la fontaine peut disparaître, sans que la source en soit affectée ou tarie. Il y aurait donc un pôle de notre être qui serait présent sans changer et l'autre qui serait absent puisqu'il bouge, qu'il change continuellement, qu'il n'est jamais réellement LÀ. Et pourtant, les deux forment une seule réalité, qui est moi-même – ce courant de vie qu'il m'est donné de vivre.

Il semble, en effet, qu'il y ait une présence en nous qui veille, alors que tout s'agite, s'absente ou s'endort. Si on s'y arrêtait, on serait saisi d'étonnement et notre cœur s'ouvrirait de nouveau, comme à l'âge de six mois : il suffirait de regarder, par exemple, le sommeil profond. Au-delà du champ des rêves, dans le grand silence de fond de mer, il n'y a personne, pas de « moniteur affecté aux machines » qui s'occuperait de faire fonctionner cet appareil extrêmement complexe qu'est le corps. Tout se fait sans faille et sans heurt avec une intelligence infiniment discrète. Et même, plus je m'enlève de là (ce qui a lieu dans le sommeil profond), mieux cela fonctionne, comme un orchestre sans chef qui jouerait d'autant mieux que celui-ci serait absent.

Or c'est justement en reconnaissant sa prétention d'être au contrôle ou d'être quelqu'un, que l'on commence à se libérer. Reconnaître qu'il y a une unité qui se maintient – le vécu/l'organisme – et qui ne dépend ni de mon effort, ni de mon contrôle, ni de ma volonté. Reconnaître que cette unité comprend des pôles, des divisions, des différences qui n'empêchent pas l'unité, dans la mesure où le sujet les accueille tous également. Reconnaître ainsi tous ses démons et ses refus, c'est cesser d'être identifié aux parties qui nous composent, aux pôles qui nous divisent, pour rentrer tranquillement dans son unité.

Chapitre 4

LA DIFFICULTÉ DE SE RECONNAÎTRE

Les « veux pas » derrière les vœux

Il m'aura fallu plus de cinquante ans pour arriver à simplement me permettre de me regarder tel que je suis. J'ai été élevé en milieu chrétien où il fallait être bon, charitable ; il ne fallait pas manifester ses émotions ni laisser voir son impatience, sa colère, sa révolte ou son ressentiment. Et dans la communauté religieuse où j'ai passé le temps d'une longue carrière, on y ajoutait plusieurs couches à ce feuilleté déjà très volumineux : ne pas suivre ses idées propres (vœu d'obéissance), ne pas admettre de désirs sexuels (vœu de chasteté), ne pas avoir d'argent à soi, ni en désirer, ni savoir le gérer (!) (vœu de pauvreté). Jamais il n'était permis – jamais donc on ne se permettait – de reconnaître derrière ces « vœux » ou malgré eux, les « veux pas » enfouis et ignorés, c'est-à-dire la situation réelle, la vérité de son être complet. On ne faisait que recouvrir ses désirs, ses révoltes et ses peurs d'un vernis, d'une prétention, d'un faux-semblant. On vivait comme dans une maison à deux niveaux : le bon (rez-de-chaussée visible et mon-trable) et le mauvais (la cave, lieu des choses refusées, honteuses et inadmissibles). On pensait qu'en agissant comme si on était vertueux (contre son gré) on le deviendrait, ou qu'à force de se convaincre d'être bon, généreux, serviable et oublieux de soi, on le serait effectivement.

Pendant ces longues années, je n'ai pu me reconnaître parce que la croyance que j'entretenais à mon sujet m'en empêchait. (J'insiste pour dire que ce ne sont pas les autres qui m'ont tenu dans cette négation.) Je m'étais enfermé dans une sorte d'hypnose qui me défendait de me voir. Je ne pouvais même pas vouloir me reconnaître : je me convainquais avec trop de force pour permettre un autre regard. Si bien que ce que je craignais le plus – le conflit, la colère – était nié et méconnu, tout en demeurant toujours présent en moi. Aujourd'hui encore, je me surprends à découvrir des poussées de colère et d'intolérance qui « ne pouvaient être en moi, puisque j'avais tellement essayé d'être bon, que j'avais tant fait pour les éliminer ». Cela me montrait comment je me cachais à moi-même, comment je me fuyais et je me trompais : je visais uniquement le « bien », croyant alors éliminer le « mal ». Mais il fallait plutôt viser l'honnêteté en reconnaissant le mensonge. Non qu'il faille renoncer à bien agir, mais renoncer plutôt à me faire accroire que ces passions refoulées ne m'appartenaient pas.

Porté par tempérament, et sans doute par éducation, à me montrer conciliant, accueillant, prêt à dire oui et cherchant à tout prix l'harmonie, j'ai évité comme la peste les émotions conflictuelles. Autrement dit, j'ai nié qu'elles soient en moi, puisque ce que j'évitais le plus, c'était justement ce que je refoulais et ne reconnaissais pas. Pourtant, il est bel et bien écrit dans l'Évangile : « Ne résistez pas au mal », c'est-à-dire reconnaissez-le comme faisant partie de vous, car en vous prenant pour « faiseurs de bien », votre bien ne sera que refus et fuite du mal.

Par conséquent, le perfectionniste obsédé par la correction, la précision et l'ordre craindra particulièrement le désordre et l'erreur, et c'est ce qu'il niera et refoulera. Celui qui se voit comme un bienfaiteur universel craindra avant tout de ne pas être reconnu et aimé par « ses pauvres ». À son tour, le réalisateur acharné craindra surtout l'échec ou la faillite, alors que ce serait là qu'il pourrait se rencontrer et se guérir. Le sentimental craindra le contact avec ce qui est vulgaire et inférieur à lui, cherchant ce qui est noble, pur et idéal et qui le maintient toujours dans son illusion. Le critique détaché et impersonnel gloussera de tout savoir, d'être « au courant », mais craindra terriblement d'être pris en flagrant délit d'ignorance. Quant à la personne qui se considère comme loyale, elle évitera toute désapprobation. Et l'hédoniste de son côté aura une peur bleue de souffrir, alors que le chef contrôlant répugnera à se montrer faible et à avouer ses veuleries.

Tous ces gens, dont je trouve en moi de nombreux traits, ne se connaissent pas dans la mesure où ils évitent (plus ou moins consciemment) de se reconnaître. Car se reconnaître exigerait : 1. d'avouer qu'il y a une chose en soi que l'on évite particulièrement ; 2. de noter les façons dont cela se manifeste dans les comportements et les paroles ; et, finalement, 3. d'accepter d'affronter cette chose qu'on craint le plus.

Chez la personne qui ne peut s'empêcher de dire oui, le oui est très souvent un non refoulé. Il s'agira pour elle de se permettre tout d'abord les refus, les colères et les réactions négatives qui montent en elle. Il lui faudra, bien sûr, pas mal de temps avant de se permettre de dire non, tellement l'habitude contraire aura paralysé son regard.

En somme, s'il est bon et même nécessaire d'arriver à dire oui à la vie, il est également nécessaire et utile de savoir dire non à certaines personnes.

Chapitre 5

ENTRE CHIEN ET LOUP

Un parallèle

Dans un article paru dans *Science et Vie* d'octobre 1997, sous le titre «Les fils du loup», des chercheurs de l'Université de la Californie ont établi un fait étonnant: «*Lorsque le loup est devenu chien, il a gardé la morphologie du louveteau et un comportement juvénile. Il joue, recherche l'attention, gémit, aboie... Autant d'attitudes qui n'existent pas chez le loup adulte.*» En effet, les loups adultes ne se plaignent pas et sont farouchement autonomes, impossibles à apprivoiser, donc à rendre dépendants de l'humain ; au contraire, les chiens domestiques semblent arrêtés dans leur croissance, sans doute à cause de leur dépendance vis-à-vis de leurs maîtres. Même adultes, ces chiens sont traités comme des bébés, et par conséquent, ils se plaignent, geignent, jappent souvent et sont attachés de façon tout à fait infantile à leurs maîtres, dont ils quêtent constamment attention et affection.

En lisant cet article, je pensais au parallèle entre ces chiens adultes demeurés pourtant infantiles et notre propre refus de mûrir en assumant avec force la totalité de la vie, sans toujours nous plaindre, trépigner ou pleurer comme des enfants.

L'acceptation fait mûrir

Je crois en effet que, dans la mesure où nous sommes gâtés et geignards, nous restons faibles et dépendants – infantiles –, alors que, dans la mesure où nous acceptons nos épreuves et nos limites, nous devenons forts et autonomes – mûrs. Le fait d'être gâtés, exigeants et insatisfaits nous rend faibles devant les échecs et les chocs de la vie. Nous voulons vivre dans un monde taillé sur mesure et exigeons, par conséquent, ce qui est impossible ou ne nous est pas destiné. Ces idées sont martelées par des slogans de propagande, du genre «tout est possible», «*you can have it all*», «le bonheur vous est dû», ce qui, bien sûr, est complètement faux. En effet, la vie nous montre constamment qu'ici-bas, tout est limité, changeant et imparfait. Rien n'est garanti. Refuser la vie telle qu'elle est en rêvant toujours d'autre chose, c'est se condamner à être toujours déçu et malheureux, comme cet âne toujours frustré qui cherche constamment à attraper la carotte qui fuit avec lui. On trépigne d'impatience, comme des enfants en colère : «Je le veux, bon! et tout de suite, sinon je ne veux plus vivre! Après tout, la vie me le doit, je l'ai mérité!»

En effet, on est faible dans la mesure où l'on ne peut tolérer la frustration, l'incompréhensible, l'indésirable, tout ce qui est contraire à notre scénario privé. C'est être faible que de se plaindre du temps qu'il fait, de ses maux physiques, des malheurs venant de l'extérieur, au lieu d'assumer au complet sa vie. C'est également faible de vouloir fuir au lieu de confronter les obstacles. (On pourrait même se demander si ce ne serait pas, pour certains Québécois, un indice de faiblesse ou d'irresponsabilité que de vouloir à tout prix se séparer, plutôt que d'affronter courageusement ce qu'il est, du reste, impossible de fuir – la mer d'anglophonie qui nous entoure et l'obligation de lui être toujours reliés par les affaires, la culture, les problèmes sociaux.) Toutes ces façons d'agir me semblent non seulement faibles, mais immatures.

L'acceptation fortifie

La vie demande de la force pour être vécue et affrontée, mais elle suscite également les énergies nécessaires à cet affrontement. On ne peut être bien dans tout son être que si l'on épouse pleinement sa vie, sans en rien refuser, sans chercher autre chose, sans se complaire ou s'attarder en nostalgies, en regrets ou en attentes infantiles. Et dans la mesure où l'on vit ainsi, la vie nous apparaît dans toute sa force, sa beauté, sa nouveauté. Seulement, il s'agit de l'embrasser complètement comme on embrasserait l'être aimé.

L'acceptation libère

Je propose comme exemple de l'acceptation qui libère, celui d'Etty, une très belle Néerlandaise juive qui, à vingt-six ans, voulait devenir écrivain. Elle avait deux amants, ne croyait pas au dieu judaïque, tout en étant compatissante et généreuse. Un jour de 1942, les SS envahirent Amsterdam et enserrèrent progressivement la population juive dans un étau. Dès qu'elle eut compris ce qui attendait son peuple, elle dit un oui complet et définitif. D'un coup, sa vie intérieure se transforma : Etty s'abandonna à Dieu et accepta de tout cœur de mourir brûlée, et ce, sans aucune haine pour les Allemands. Elle écrit dans son journal, qui nous a permis de la connaître :

La vie et la mort, la souffrance et la joie, les ampoules des pieds meurtris, le jasmin derrière la maison, les persécutions, les atrocités sans nombre, tout, tout est en moi et forme un ensemble puissant... Je ne suis pas seule à être fatiguée, malade, triste ou angoissée, je le suis à l'unisson de millions d'autres à travers les siècles, tout cela c'est la vie... Dès qu'on refuse, on veut éliminer certains éléments, dès que l'on suit son bon plaisir et son caprice pour admettre tel aspect de la vie et rejeter tel autre, alors la vie devient en effet absurde ; dès lors que l'ensemble est perdu, tout devient arbitraire... Je suis prête à tout accepter, à témoigner à travers toutes les situations et jusqu'à la mort, de la beauté de la vie. (Etty Hillesum, *Une vie bouleversée,* Éditions du Seuil.)

Chapitre 6

NOS MAÎTRES, LES ÉPREUVES

Une interprétation des épreuves

Maintenant que se trouve derrière nous la tempête de verglas qui, à l'hiver 1998, a submergé une bonne partie du Québec, on pourrait élaborer plusieurs explications ou interprétations de cet événement pour tenter d'y voir un peu plus clair.

La colère de la nature et de Dieu

On invoquera, par exemple, la revanche de la nature. L'argument pourrait se présenter comme suit : étant donné que l'on néglige et offense la terre par tous nos abus écologiques, il est normal qu'elle se venge ou refuse de collaborer. Et du même souffle, Dieu aussi pourrait être de la partie : en effet, puisque la plupart des fléaux bibliques ont été interprétés comme des colères divines (et la Bible ne se trompe pas, croit-on !), il serait naturel de voir dans un cataclysme semblable un jugement sévère porté sur nos incartades morales. Jusqu'au XVIIe siècle, on a cru que les tempêtes électriques étaient imputables à l'ire céleste, tout comme les Grecs y voyaient la mauvaise humeur de Zeus, et les Scandinaves, celle de Thor. Le raisonnement était simple : comme tout cela vient du ciel, lieu des forces divines, il est évident que toute catastrophe naturelle sera une « déclaration d'En Haut ». Et même si la science a décrotté une bonne part de la superstition populaire, il reste des fibres profondes qui se remettent à vibrer dès que se déchaînent les « forces obscures de la Nature ». En effet, il reste toujours une certaine « terreur sacrée » lorsqu'on se trouve en présence d'un phénomène tel que le cyclone.

On pourrait même croire que l'univers ou la terre ont en eux-mêmes un but, des intentions, des projets. Pourtant, de son côté, la science ne perçoit aucune finalité dans la nature, seulement des phénomènes de cause et d'effet, avec beaucoup d'incertitudes et d'événements aléatoires en raison de la multitude proprement incalculable de formes et de causes, depuis les microbes jusqu'aux étoiles. Si, pour la science, il est absurde de dire que l'univers ou la nature «vont quelque part» ou «ont une intention particulière», il reste que, pour la plupart des gens, il est impossible de ne pas y lire un processus intentionnel, à l'instar de l'humain qui est toujours poussé par des buts et des intentions. Il est tellement facile d'appliquer nos sentiments à la nature!

Or pour autant que l'on regarde objectivement la nature, tout se passe spontanément sans que personne y soit impliqué, tout comme le corps respire la nuit, alors que personne ne s'en occupe. Par conséquent, la présence divine ne pourrait avoir plus d'intention que la nature, puisqu'elle n'est pas quelqu'un qui mène quoi que ce soit de l'extérieur – comme on dirigerait la cuisine d'un grand restaurant ou contrôlerait un jeu de Nintendo –, mais bien la vie du corps vivant, où l'on ne peut jamais trouver un «quelqu'un» qui soit «en charge». C'est là justement la merveille de cette dimension secrète, mais toujours impliquée: elle se cache derrière toutes les apparences que sont tout simplement les êtres qui nous entourent.

Il est tentant, mais imprudent, de lire des intentions et de voir un mastodonte tel que la nature comme un géant menaçant : imprévisible et dangereux, il nous garderait à l'œil comme un prédateur garde sa proie. Il n'est pas moins imprudent de voir dans tous les événements des actions divines manifestant une volonté particulière. Car, puisqu'il est désormais clair qu'on ne peut ni prouver l'existence de Dieu ni son inexistence, tout, ici, est affaire d'opinion, de sentiment ou d'intuition, et donc souvent, de désir et de projection.

Il demeure qu'aussi longtemps que l'on projettera un dieu féodal, qui de là-haut nous guette et nous punit, on ne pourra sortir d'une vision infantile et superstitieuse, nourrie de dépendance et de peur. Du reste, cette attitude ne nous aidera pas à comprendre le sens des épreuves que nous vivons. Heureusement que, de tout temps, la maturité de certains humains nous a fait comprendre qu'il n'y avait personne là-haut ou là-bas, mais que tout se passait en nous, dans les profondeurs du cœur, dans le secret de la conscience insondable, moteur et source des vivants et de toute créativité.

Les prédictions

Une deuxième interprétation des cataclysmes serait celle des prophéties apocalyptiques, dont la véracité serait corroborée par les événements désastreux. Il est certain qu'un esprit négatif et craintif a toujours inspiré des visions de fléaux et de jugements péremptoires prévus pour la fin du monde ou pour chacun des millénaires, qui, du reste, se situent à des dates arbitraires selon le calendrier qu'on choisit de suivre. Le terme « apocalypse » renvoie justement à cette « révélation du futur », depuis les prédictions hindoues des *Puranas* (il y a quatre mille ans), celles des prophètes juifs, reformulées autrement par Jésus, Jean l'Évangéliste, Malachie, Nostradamus, les papes Pie XII et Jean XXIII, jusqu'aux clairvoyants de tout poil qui diffusent aujourd'hui les visions inspirées par Edgar Cayce. Dans plusieurs de ces documents et proclamations, il est possible de trouver des preuves que tout a été prévu, surtout les malheurs : il suffirait d'étirer l'une ou l'autre interprétation dans le sens attendu pour arriver au scénario voulu, puisque rien de tout cela n'est démontrable ni, par conséquent, réfutable ! Et c'est justement parce que toute prédiction est gratuite (du fait qu'elle est, au moment même, invérifiable) et nocive (du fait qu'elle empêche de vivre au présent) qu'il serait plus utile et intelligent de s'en tenir au fait suivant : les événements désastreux, qui sont inévitables, font tout simplement partie de l'histoire humaine et du monde changeant.

Il est certain que la peur des catastrophes futures appartient à l'attitude superstitieuse des humains ainsi qu'à leur incorrigible besoin de fuir le présent pour l'avenir, et le réel pour l'imaginaire.

Mais d'où serait venue cette attitude qui fait voir l'avenir comme un malheur? Cela a pu commencer à l'époque où l'on décidait que, étant donné que le dieu avait désormais un rival, le diable, on ne pouvait plus être aussi sûr de la protection du premier. En effet, sept siècles avant notre ère, les adeptes de la religion de Mithra, dont le fondateur était Zarathoustra, se sont demandé comment un dieu bon et tout-puissant pouvait être le créateur du mal. De deux choses l'une : ou bien ce dieu était bon et le mal était inexplicable (ce qui est une impasse), ou bien ce dieu n'était pas tout-puissant comme on le pensait, et alors un rival partageait son pouvoir.

Il fallait donc inclure ce dernier. Le diable devenait ainsi le bouc émissaire de tout ce qui était détestable, indésirable et franchement mauvais, c'est-à-dire de tout ce que les humains jugeaient ainsi – autrement dit, de tout ce qu'ils refusaient et haïssaient. Ce raisonnement paresseux a permis d'expliquer et de justifier l'existence du mal. C'était pourtant là une grave erreur. Car on allait ainsi enlever à l'être humain la responsabilité de ses erreurs, de ses souffrances et de ses conflits, pour les mettre sur le dos d'un *outsider*, le diable. L'humain n'aurait plus à reconnaître que c'est seulement le refus d'accepter la vie telle qu'elle est qui lui fait mal et rien d'autre : il pouvait toujours accuser quelqu'un d'autre de ses malheurs et poursuivre ses illusions habituelles. C'était maintenir l'humain dans l'infantilisme, erreur à laquelle on a ajouté l'idée d'une figure qui, de l'extérieur, allait nous sauver de ce mal (Jésus), ce qui installait définitivement l'Occidental dans une dépendance totale quant à un agent bon ou mauvais. Avec un agent du mal, le pire était toujours possible et l'on ne pouvait s'en protéger : on ne pouvait que pointer vers Lui un doigt accusateur.

Les troubles climatiques

Une autre explication touchant les épreuves cataclysmiques serait les incertitudes du climat, tels le fameux *el niño*, la déchirure de la toile d'ozone ou la précession des équinoxes (toutes les quelque 25 800 années). Comme il y a une abondance de littérature et de sites web traitant de ces phénomènes, il suffit de rappeler qu'aussi longtemps que l'on respectera la rigueur scientifique, des théories de ce genre contribueront à nous faire comprendre les phénomènes de la nature et à nous faire sortir de nos superstitions, c'est-à-dire de nos croyances naïves. De toute façon, une attitude scientifique est infiniment préférable à toute forme de crédulité. À tel point que si les humains cultivaient un peu plus de cette attitude non émotive, il n'y aurait certes pas moins de cataclysmes sur terre, mais il y aurait sûrement moins de guerres et de souffrances.

Une vision plus juste de l'épreuve

Somme toute, la perspective qui me paraît la plus juste est celle qui permettrait d'apprécier tout cela d'un point de vue à la fois plus simple et plus humain. Les épreuves de toutes sortes ont toujours existé ; elles sont inévitables et universelles. Elles peuvent être physiques – fléaux naturels – ou morales – peines imputables à un divorce, à un incendie, à une faillite, à une maladie mortelle ou à un deuil, par exemple.

Puisque les épreuves font partie du courant de la vie, il est certain qu'elles peuvent toujours noircir ou dévaloriser celle-ci, mais elles peuvent également l'enrichir et l'éclairer. Il est toutefois important de remarquer que ces deux possibilités n'appartiennent pas aux épreuves elles-mêmes, mais plutôt à nos réactions vis-à-vis de celles-ci. En effet, certains humains tels que Giordano Bruno, Soljenitsyne, Sakharov, Etty Hillesum, Jacques Lusseyran, Nelson Mandela et plusieurs autres, ont connu les conditions les plus pénibles qu'on puisse infliger à des individus (camp de la mort, goulag, torture, prison inhumaine), et cependant, ils n'ont pas été démoralisés et n'ont pas perdu courage. Au contraire, ils y ont puisé une source de transformation. Ils ont certainement enduré beaucoup de peines, physiques et morales, mais ils considéraient toutes ces épreuves comme des occasions d'apprendre au lieu d'y voir des agents de destruction, des punitions ou des occasions de désespérer.

L'enseignement des épreuves

Les épreuves peuvent être pour nous des sources d'enseignement, des occasions de renaître ou de grandir. Ce sont nos maîtres, pas dans le sens de forces qui nous contraignent ou nous écrasent, mais dans le sens d'occasions d'apprendre et d'évoluer. Elles peuvent certes être perçues comme écrasantes, comme des forces qui nous affaiblissent et nous découragent. Mais cela n'arrive que si on les voit comme une punition divine, comme un traitement injuste de la part de la vie (l'attitude de victime), ou comme un affront à nos plans de vie, à nos rêves ou à notre volonté de contrôle. En revanche, ces mêmes épreuves peuvent nous libérer et nous renforcer. Le cas de Mandela est ici exemplaire. Les épreuves nous font tout d'abord voir la fragilité de la vie et notre quasi-absence de contrôle sur les événements de même que sur les phénomènes de la nature. En cela, ce genre d'épreuves nous ramène à une plus juste perspective : il nous fait voir que la force de l'humain ne viendra pas de son pouvoir de contrôle ou de son opposition à la nature, mais de son ouverture et de sa capacité d'accueillir toute la vie sans jamais se fermer.

En effet, toutes les résistances que la vie oppose constamment à notre volonté de contrôle ne peuvent nous enseigner qu'à une seule condition : qu'il y ait une ouverture du cœur, un acquiescement, une acceptation, c'est-à-dire aussi longtemps qu'on ne cède pas à l'émotivité, à l'interprétation dramatique, à l'imaginaire débridé, et que l'on s'en tienne simplement aux faits. Le cœur est ouvert aussi longtemps que nous demeurons dans les faits actuels et que nous répondons aux réalités quotidiennes de notre vie.

C'est ce qui s'est passé dernièrement chez les Québécois qui ont connu une mémorable tempête de verglas. Un grand nombre d'entre eux furent touchés physiquement par l'absence de lumière et de chaleur, par l'incapacité de circuler, par l'obligation de déménager et par des problèmes de santé et la perte de cheptels. D'autres, en grand nombre également, ont été touchés intérieurement, mais cette fois-ci par les sinistrés eux-mêmes. C'est ici que tout m'apparaît plein de sens et d'enseignement. Les gens ont oublié leurs différences et leurs différends pour retrouver ce qui les rassemble depuis toujours : l'ouverture à tout ce que la vie propose, la générosité du cœur, la peine universelle, la possibilité de transformer le négatif en positif. Ceux qui aidaient les sinistrés puisaient dans la générosité et la compassion de l'être humain, alors que ceux qui recevaient de l'aide puisaient dans le courage tenace et la gratitude vis-à-vis de cette même humanité.

Tout cela, bien sûr, n'avait rien à voir avec la religion (l'Église en tant que telle y était absente). L'unité des humains et leur inséparable appartenance mutuelle existent dans leur nature même, bien avant toute croyance. (Ce sont ces valeurs et ces dispositions qui ont été récupérées par les religions et érigées en institutions et en systèmes.) Or ces possibilités humaines sont des réalités tangibles, incarnées, au ras du vécu quotidien et des corps vivants. Elles n'appartiennent pas à une humanité à venir ou à une vie d'au-delà, à une promesse de monde meilleur. C'est maintenant et ici que cela se passe, et si cela ne se passe pas ici et maintenant, cela ne se passera tout simplement pas.

La famille humaine est une ; c'est là une réalité que l'on oublie et qui n'apparaît pas lorsque l'on appartient à une religion organisée, puisque ce genre de religion a le génie de diviser plutôt que d'unir. Non, ce qui unit, ce sont les épreuves (à condition qu'elles soient perçues comme des faits, c'est-à-dire sans sentimentalité ; autrement, on ne peut y apercevoir les leçons et on tombe dans l'autopitié). Ce qui enseigne, c'est avant tout la réaction saine aux épreuves, qui, sans cela, demeureraient des événements absurdes, affreux et insupportables. Et ce qui peut nous rendre plus humains et nous ouvrir le cœur, c'est encore et toujours notre accueil de tous les aspects de la vie, surtout ses épreuves.

Or comme ce sont habituellement les démunis et les gens à revenu modeste qui ressentent davantage avec leur cœur qu'avec leur bourse, ce sont eux également qui manifestent le plus de générosité. Cette ouverture du cœur est la véritable source de toute communication, de tout partage, de toute communion. Elle précède et dépasse les croyances et les préjugés, et elle existait bien avant les réseaux de prétendues communications ! Mais, comme le regrettait autrefois le philosophe William James, il est en effet dommage qu'il faille des désastres, des guerres et des fléaux naturels pour réveiller chez l'humain ce qui le rattache à tout le reste et qui fait appel à plus grand que lui, à son dépassement, à sa grandeur, à sa beauté. C'est dans l'épreuve accueillie qu'on devient fort et unifié, et que la vie révèle son vrai sens. C'est là aussi qu'on trouve ses racines profondes et l'énergie nécessaire pour qu'elles arrivent un jour à maturité.

Chapitre 7

LA CROYANCE, LA CRÉDULITÉ ET LA FOI

La croyance

La croyance est simplement le fait d'adhérer à un énoncé tenu pour vrai, à une possibilité, ou encore à la véracité d'une personne ; par exemple, la croyance en la valeur de la vie, en un parti politique, en sa religion. En soi, la croyance ne renseigne pas sur la crédibilité de celui qui se présente comme digne de foi ou sur la validité de ce qui est pris pour la vérité. Elle est donc neutre au point de départ. Mais lorsque la croyance est excessive – très émotive, aveugle, naïve –, elle devient nuisible et malsaine, parfois même dangereuse. Cela s'appelle la crédulité.

Passer de la croyance à la crédulité, c'est entrer dans un état hypnotique. Or on ne reconnaît pas une hypnose aussi longtemps que l'on s'y trouve enfermé. Cette hypnose peut être l'appartenance à un parti politique, à un club, à une corporation, à une religion, à une relation amoureuse ou à une secte.

La crédulité

Comme la crédulité est une confiance naïve, elle se laisse berner et manipuler. Puisqu'elle est caractéristique de l'enfance, elle n'est pas douée d'esprit critique et, par conséquent, elle se laisse facilement emporter par l'émotivité ; par exemple, la croyance au père Noël, la croyance que mes désirs vont tous se réaliser, que mon gourou dit la vérité, que je ne vaux rien.

La crédulité nourrie de peur se transforme en superstition, comme dans la croyance aux revenants, aux maléfices du chiffre 13 ou aux épreuves perçues comme des punitions divines.

Les deux œillères de la crédulité

La crédulité peut se manifester de deux façons :

1. *Comme une acceptation non critique de choses ou de possibilités invérifiables; par exemple:*

   ❋ la réincarnation est certaine ;

   ❋ Jésus est vraiment ressuscité et il m'a sauvé ;

   ❋ le pain est changé en corps du Christ à la consécration ;

   ❋ les anges m'envoient des messages.

Ce groupe de croyances invérifiables appartiendrait à ce que j'appelle la « religion » : un corps de doctrines et de rites pratiqués en groupe, sous une autorité hiérarchisée ou sous la houlette d'un gourou.

Que l'on me montre, preuves à l'appui, qu'il y a eu résurrection et qu'il y a véritablement transsubstantiation, que ce ne sont pas simplement de pieuses rumeurs sans fondement ou des légendes bâties après coup par une bande d'exaltés pour défendre une croyance fanatique, et j'accepterai de placer ces faits au même niveau que les faits suivants, qui sont constamment accessibles par n'importe quel humain : le fait qu'à chaque instant ce n'est pas moi qui suis la cause de ma vie, qui fais battre mon cœur, qui fais respirer mes poumons ou qui fais que ma plaie guérisse, que mon corps croisse. Voilà des phénomènes vérifiables qui n'ont rien à voir avec les croyances naïves des religions. Mais lorsqu'on persiste à dire que la traversée de la mer Rouge par Moïse est un fait (alors qu'on a balayé le fond de cette mer sans trouver un seul chariot ou une seule épée de la fameuse armée du pharaon), que l'on s'acharne à dire que le suaire de Surin est authentique, à l'encontre des expertises scientifiques qui ont clairement démontré qu'il est daté de la fin du XIIIe siècle, que le prétendu sang n'est que du pigment de peinture et que la taille du défunt dépassait tellement la moyenne des hommes de l'époque de Jésus, que ce fait à lui seul (qui n'est mentionné nulle part) eût suffi à en faire un *superman,* eh bien, je me dis que Eric Hoffer avait raison d'affirmer que « la croyance fanatique d'une foule est plus difficile à contrer qu'un cyclone » !

2. *Comme une acceptation non critique de choses ou de possibilités vérifiables (une confiance à la fois naïve et paresseuse); par exemple:*

 ✳ le ou les fondateurs de ma secte (ou de ma religion) ne peuvent se tromper ;

 ✳ toute maladie est une punition ;

 ✳ la raison peut expliquer et résoudre tout ;

❊ il y a d'autres civilisations dans l'espace ;

❊ les ovnis et leurs habitants existent réellement.

Comme on le voit, ces croyances non véri-fiées, mais vérifiables, peuvent appartenir tant au domaine de la vie courante qu'à celui de la religion. En ce sens, elles peuvent être traitées scientifiquement, si on s'en donne la peine.

La foi

En revanche, la foi au sens rigoureux, c'est-à-dire sans lien avec une doctrine, serait pour moi l'acceptation d'une possibilité ou d'une intuition vérifiable ainsi que la mise en œuvre de cette vérification. Elle suppose donc à la fois une ouverture et une critique rigoureuse ; par exemple :

❊ je crois que je peux être totalement libre et autonome ;

❊ je crois qu'il existe un sens ultime aux choses et à la vie ;

❊ je crois que le transcendant existe réellement ;

❊ je crois qu'il n'y a pas de dieu extérieur qui règne sur nous.

Cette foi authentique et non sentimentale suppose que je vais vérifier par moi-même si ces possibilités sont sérieuses.

Dans la foi véritable, libérée des mythes, des dogmes et des récits légendaires, l'élément central n'est pas une doctrine à laquelle on se soumettrait – comme dans un système religieux –, mais bien une hypothèse à vérifier. Il s'agit de la foi de l'explorateur, du chercheur, du savant. En effet, la démarche scientifique suppose que le chercheur croie qu'une réponse est possible à l'énigme qui se présente, et qu'en raison de cela, il veut poursuivre sa recherche jusqu'à la résolution du problème, jusqu'à trouver la réponse qui satisfera au questionnement.

C'est là la foi qui anime celui qui est en quête d'un sens ultime : il pressent une vérité, une possibilité qui n'est pas comme telle encore réalisée, et il est poussé à la vérifier pour lui-même, indépendamment de ce que dit la société, les experts, les religions officielles ou même sa famille. Cela ne dépend évidemment pas d'un groupe, puisque c'est une aventure en profondeur, intime, individuelle et incommunicable. L'appartenance à un groupe empêchera l'individu de faire cette recherche, à moins qu'il ne puisse protéger son intérieur tout en fonctionnant comme membre du groupe, mais c'est une chose quasi impossible si l'on appartient à une organisation totalitaire.

Chapitre 8

L'ENVOÛTEMENT DE LA CRÉDULITÉ

Pour poursuivre la réflexion sur la croyance, je voudrais examiner ici la façon dont on se laisse envoûter par ses croyances naïves, c'est-à-dire par la crédulité.

La crédulité nous empêche de nous reconnaître

Si je prends soin de m'examiner, je vois que j'entretiens de la crédulité sans jamais la remettre en question. Par exemple, je pourrai croire les choses suivantes :

* je n'ai pas de violence ni de préjugé ;
* ma religion est la seule qui est bonne ;
* je suis un raté « né pour un p'tit pain » ;
* le sexe est mauvais ;
* l'homme est supérieur à la femme ;
* j'ai toujours raison ;
* mon parti est le seul à posséder la vérité.

Ces croyances non critiques sont de la même inspiration que la croyance enfantine au père Noël.

En effet, comme je l'ai déjà fait remarquer, toute crédulité est une attitude infantile, du seul fait qu'elle regorge d'émotion en même temps qu'elle est dépourvue de sens critique. Pendant mon adolescence, mon « maître à vivre et à penser » m'en avait averti : « Souviens-toi qu'on demeure infantile par l'émotivité. » Du reste, il suffit d'observer le fanatisme religieux et politique, qui a sévi depuis l'Ancien Testament jusqu'à nos jours, pour reconnaître les terribles ravages qu'entraînent dans leur sillage les croyances naïves, excessives et imposées par la force.

Mais il y a plus : la crédulité engourdit l'esprit et nous envoûte complètement. C'est ainsi que mes croyances naïves auront fini par tisser un cocon d'habitudes si tenaces que je les prendrai vraiment pour « ce que je suis ». Et c'est cet écran hypnotique qui m'empêchera justement de voir derrière et d'arriver à me reconnaître au-delà de mes habitudes invétérées.

La crédulité rend fanatique

L'hypnose des fausses croyances que l'on entretient à l'égard de soi – c'est-à-dire, en somme, ce que l'on appelle le « moi » – a pour effet que je deviens facilement envoûté par quiconque confirmera cette image que j'ai de moi-même. C'est ainsi que les gourous/stars de tout poil – religieux, politiques, médiatiques ou sportifs – peuvent exercer une emprise puissante sur ma naïveté, sur mon désir d'être envoûté, emporté, trompé. Je croirai sans hésitation à tout ce qui flattera mes désirs et mes rêves les plus fous. Je vendrai même mon âme pour un quart d'heure d'illusion.

Or, selon le psychologue expérimental Stanley Migram, cette tendance à se soumettre au premier séducteur venu est un des traits humains les plus sinistres. Dans une étude intitulée *Obéir à l'autorité*, il montre combien il est facile de persuader des gens dits normaux d'infliger de la violence à d'autres, tout simplement parce qu'une autorité leur a dit de le faire. On se rappellera ici les atrocités que cette soumission aura causées durant les croisades, l'Inquisition, le nazisme, le fascisme, le communisme et les régimes tyranniques de l'apartheid et des extrémistes islamiques contemporains, où l'obéissance servile a transformé les humains en monstres fanatiques.

Il suffit de rapprocher entre elles l'affirmation d'un saint et celle d'un criminel, pour s'apercevoir combien le besoin de se soumettre exprime chez les deux la même servilité infantile :

❋ « Vous ne pouvez pas vous tromper, si vous obéissez » (saint Alphonse Rodriguez, dans un manuel sur la sanctification du jésuite, XVIIIᵉ siècle) ;

❋ « Nous ne sommes pas responsables : nous n'avons fait qu'obéir » (les nazis Eichmann, Klaus Barbie et Papon, XXᵉ siècle).

On peut également évoquer les remarques de certains membres du nazisme : « Les nazis prient non seulement pour leur pain quotidien, mais pour leur illusion quotidienne. » (Stresemann) « Nous adhérons au parti pour échapper à la responsabilité individuelle... pour être délivrés de la liberté. » (un jeune ardent) « Ils veulent être trompés », concluait Eric Hoffer.

Or, comme je l'ai suggéré préalablement, le propre d'une hypnose, c'est qu'on ne peut la reconnaître pendant qu'on s'y trouve. Une fois envoûté, je me ferai accroire que je suis heureux, tout en passant mon temps à refuser toute autocritique sérieuse. Je vivrai dans une frustration chronique, pour m'apercevoir tôt ou tard que la vie ne s'ajuste jamais aux rêves illusoires. Mais je refuserai encore de voir la réalité. En plus de vivre dans l'absence d'autonomie et de connaissance de soi, et à cause même de ces conditions, je deviendrai un convertisseur fanatique, puisque celui qui est trompé cherchera à son tour à tromper. Autrement dit, celui qui se ment à lui-même sera porté à mentir aux autres. En effet, si l'on veut convertir les autres ou attirer de nouvelles recrues à son groupe ou à sa religion, c'est de toute évidence parce qu'on n'est pas bien dans cette croyance et qu'on a besoin d'être confirmé par d'autres pour se rassurer. Cela rappelle la situation du gourou qui a besoin d'être confirmé par des disciples, qui vont le rassurer dans ses croyances abusives de mégalomane.

Ce n'est qu'en reconnaissant son illusion que l'on pourra enfin être bien avec soi et connaître un commencement de paix. Mais qui veut au juste sortir de son rêve, de son illusion – de son hypnose ? Qui veut enfin regarder sa prison, au lieu de la colorer en rose pour estomper la trop dure réalité ?

CHAPITRE 9

LE PIÈGE DES GROUPES

Un besoin réciproque

Comme je le disais préalablement, le gourou est sans force s'il n'a pas de disciples pour l'adorer et confirmer ses prétentions, un peu comme un parti politique qui attire des votes pour confirmer sa légitimité ! En effet, les convertis sont une preuve que le gourou avait raison de se croire sauveur, maître du monde et sage suprême. Ainsi, le gourou et le groupe ont besoin l'un de l'autre.

Un exemple d'emprise

Lorsque je suis entré dans la secte de la méditation transcendantale, j'étais tout d'abord attiré par le gourou, Mahesh Yogi, qui avait déjà séduit bon nombre de gens. Mais c'est le groupe très organisé de disciples rassemblés autour de lui qui m'a cuisiné de façon que je devienne complètement intégré à sa vision. Le groupe offrait, en effet, une assiette sécuritaire et maternante ; il revêtait de son pouvoir la nouvelle recrue qui, désormais, ne serait plus l'individu faible, isolé et démuni contre les forces menaçantes de la vie et les pièges redoutables de ce monde.

Mais il n'y a pas que les groupes à prétention « spirituelle » qui sont envoûtants et déshumanisants. Presque toutes les formes de fraternité – religieuse, politique, professionnelle, sportive, policière et criminelle – peuvent être infantilisantes dans la mesure où elles exigent la soumission totale. Certes, l'autonomie y serait toujours possible, mais pas aux dépens du groupe. Si bien que l'on se méfiera de toute pensée personnelle, de tout esprit réfractaire, de tout geste compromettant l'unité du groupe. On pourra ne pas y être d'accord intérieurement, mais on ne pourra le dire tout haut, surtout si le désaccord est radical et que l'on jouit d'une position prestigieuse dans l'assemblée. Mais, de toutes façons, il sera défendu de critiquer ouvertement le groupe ainsi que ses tactiques et ses doctrines. Et, bien sûr, on aura prévu ce qu'il faudra pour faire taire ceux qui parlent trop ou qui pensent trop...

L'appartenance a deux visages

Tout, dans ce domaine, semble se résumer dans le mot « appartenance ». Lorsqu'on dit appartenir à un club de tennis ou à une région, il s'agit bien d'une participation libre où chacun, tout en offrant sa collaboration et en respectant les règles en usage, conserve son autonomie, sa liberté de pensée, d'expression et d'action. Mais lorsque le mot signifie «être la propriété de», comme dans l'expression «mon terrain m'appartient», tout change d'allure et de conséquences. On est tombé dans la dépendance, avec tout ce qu'elle entraîne : l'incapacité de penser par soi-même ou d'être en désaccord, le retour à un état infantilisant, le début d'une attache émotive qui envoûte. C'est ce qui se passe habituellement lorsqu'on « appartient » à un gouvernement totalitaire (communiste, nazi, fasciste, terroriste), à une religion officielle (judaïsme, christianisme, islam), à certaines corporations professionnelles, aux sociétés criminelles (mafias, Hell's Angels) aussi bien qu'aux sectes de tout poil.

Le signe que l'appartenance est tyrannique se manifeste par le fait que le groupe ne tolère aucun dissident. Toute insoumission, toute remise en question, tout écart doctrinal de même que toute non-conformité seront punis d'exclusion, de torture ou, dans certains cas, de mort.

L'attraction des groupes

Et pourtant, on ne peut s'empêcher d'être invinciblement attiré par le groupe : le club, la fraternité, l'équipe, le parti, l'organisation religieuse, la secte. C'est qu'il y a en chacun de nous un besoin à la fois d'appartenance (d'union) et d'autonomie. On commence la vie dans l'appartenance pour progresser vers l'âge adulte, c'est-à-dire vers un état d'autonomie. Toutefois, beaucoup de parents considèrent que les enfants leur appartiennent, tout comme leur maison ou leur argent ; il ne s'agit pas alors du tout d'appartenance-participation, qui est la voie de la croissance. On ne rentre pas dans la famille dont on est issu ou dans la masse à laquelle on est confondu, on en émerge. On avance vers l'individualité qui permettra de jouer un rôle unique, personnel et libre à l'intérieur de l'ensemble.

C'est la démocratie qui a permis à l'individu de prendre sa place de citoyen. Car, selon le philosophe Hume, il fallait justement protéger l'individu contre la foule majoritaire qui croit toujours avoir raison du fait qu'elle possède le nombre. Ainsi, la famille prépare et fait mûrir le futur adulte, comme la démocratie prépare et permet l'émergence du citoyen autonome.

Mais un danger demeure toujours : le groupe peut de nouveau absorber l'individu. Par conséquent, dès que celui-ci ne se sentira pas bien dans son corps ou intellectuellement indépendant, s'il n'a pas confiance en lui et n'est pas à l'écoute de son cœur ni de son sens critique, il se tournera vers un groupe fort qui l'absorbera et le valorisera, pour le transformer finalement en un clone. Il sera devenu quelqu'un qui appartient, c'est-à-dire qu'il aura acquis la force du groupe. Mais il en aura payé le prix fort en devenant un objet, une possession du groupe.

La plupart d'entre nous, à un moment difficile de la vie, seraient sans doute prêts à vendre leur âme à un groupe afin de retrouver la sécurité du sein maternel d'autrefois. Car il est difficile de rester fidèle à soi tout en étant relié de façon soumise à un groupe fort. Il est facile d'appartenir, mais difficile d'être autonome, d'être soi-même et de le rester.

CHAPITRE 10

REPENSER LA SANTÉ PAR SOI-MÊME

Contrastes et contraires

L'évidence nous montre que la nature est un tissu inextricable de situations et d'êtres différents et même carrément conflictuels. Dans le règne animal, on trouve des prédateurs et leurs proies, c'est-à-dire des faibles et des forts, des petits et des gros, des mangeurs et des mangés. Sur le plan des choses inanimées, nous sommes également face à des contraires : le chaud et le froid, le dur et le mou, le feu et l'eau, la violence des orages et des volcans par opposition à la douceur de la brise et du ruisseau.

Cette constante existe aussi chez les humains, puisqu'ils appartiennent au monde animal par leurs émotions et leurs sensations, et qu'ils subissent par leur corps matériel les fluctuations chimiques de la nature, par exemple la déperdition progressive de l'énergie. Nous sommes tiraillés à hue et à dia par nos sensations et nos émotions : les sensations fluctuent entre l'agréable et son contraire, entre le chaud et le froid, la jouissance physique et son absence, alors que les émotions se balancent entre joie et peine, bonheur et malheur, perte et gain.

En effet, le corps ne peut éviter certaines sensations douloureuses venant de l'extérieur : chaleur ou froid excessifs, chutes sur la glace, blessures venant de matières acérées, piquantes ou écrasantes. Il ne peut davantage éviter certaines douleurs à l'intérieur : microbes, virus, désordres organiques, déficiences, insuffisances et malformations. Tout cela fait partie des constantes de la nature, qui sont inévitables et même utiles. En effet, si nous étions blessés sans rien ressentir, le corps pourrait se gangréner et mourir sans que nous puissions y faire quoi que ce soit. La douleur servirait donc d'avertissement, comme cette cloche annonçant l'incendie ou la lumière qui avertit le chauffeur d'un manque d'huile.

Cependant, il n'en est pas ainsi de la souffrance émotive, qui n'est pas imputable à une origine externe ou interne – c'est-à-dire à des corps hostiles qui attaquent ou habitent le nôtre –, mais à nos réactions émotives devant les événements indésirables ou les situations frustrantes. Les souffrances ne se trouveraient donc pas telles quelles dans la nature extérieure : elles viendraient de l'intérieur, de la pensée/émotion. Par conséquent, elles seraient complètement évitables, contrairement aux douleurs. En voici des exemples :

* la mère qui enfantera bientôt connaîtra alors la douleur physique, mais si elle s'inquiète, se met à imaginer le pire (mort ou difformité du bébé, hémorragie incontrôlable, danger d'y passer), elle se créera une souffrance qui n'est pas causée par la situation, mais par sa réaction à celle-ci ;

* une fillette, alors qu'elle arpente les grandes surfaces avec ses deux copines, se perd dans un magasin. Une fois que le frérot, également dans le magasin, a transmis la nouvelle aux parents restés à la maison, ceux-ci se convainquent peu à peu qu'elle a été enlevée (première heure), qu'elle a été violée

(deuxième heure) et tuée (troisième heure). Mais la fillette reparaît toute pimpante et gaillarde devant ses parents atterrés et en larmes : toute leur peine aura été créée de toutes pièces par leur imagination émotive.

La souffrance et la maladie

L'idée de la souffrance évoque celle de la maladie. Or ce qui est pénible dans celle-ci, ce n'est pas uniquement ou tout d'abord la douleur physique, mais bien la peine émotive que l'on cultive à son sujet. Si l'on s'arrêtait simplement à l'aspect physiquement douloureux, on resterait au niveau des faits réels, au niveau du corps, sans tomber dans l'imaginaire émotif qui crée la souffrance. Mais comme on se laisse habituellement obséder par l'idée et le nom des maladies – cancer, sida, thrombose –, on reste prisonnier du drame, et le système immunitaire est dès lors affaibli par cette intervention indue et nocive.

On l'aura compris, c'est notre réaction émotive qui contrarie le travail du corps qui, de lui-même, tend spontanément vers la guérison. Nous cherchons toujours la sécurité en cherchant toujours à fuir la frustration. Désirant ce qui plaît, nous refusons ce qui déplaît, ne tolérant aucune frustration, aucune entorse à notre conception du bonheur, à notre scénario de vie.

Nous nous condamnons donc à souffrir, puisque la frustration et l'épreuve sont inévitables. Mais, ce qu'on oublie ou ce qu'on ne peut voir en raison de nos préoccupations, c'est que les épreuves nous sont nécessaires, puisque, comme nous l'avons vu, elles nous permettent de nous adapter à la vie, nous guérissant de nos illusions, remettant en question nos scénarios. « Ce qui ne vous tue pas vous rendra plus forts », nous rappelle justement le maître spirituel allemand Graf Dürckheim. Heureusement que la vie nous contraint à nous remettre constamment en question, nous amenant ainsi à sortir de nos états hypnotiques et à connaître l'autonomie qui libère.

Une question de liberté

Au cours de mes soixante-dix ans de vie, j'ai abondamment connu la douleur physique de la maladie et j'ai également vécu des moments de souffrance inventés et entretenus par mon émotivité. Mais pendant toutes ces expériences, j'ai appris des leçons. J'ai appris qu'aussi long-temps que je serais en guerre avec moi-même, je le serais aussi avec la vie. J'ai appris qu'en observant de près les réactions émotives en moi, celles-ci perdaient de leur emprise et de leur vivacité. Et j'ai compris qu'à force d'accepter les contrariétés et les conflits de la vie, ceux-ci cessaient d'être des « choses en soi » séparées du reste, pour devenir simplement le courant de la vie, pour devenir moi-même. Enfin, je découvrais qu'être libre de la souffrance émotive de la maladie n'est possible que si l'on est également libre de la jouissance de la santé, que vivre riche ou pauvre, longtemps ou pas, malade ou en santé, seul ou accompagné, n'est vraiment pas ce qui importe. L'important serait plutôt d'être autonome en acceptant les deux pôles à la fois, de pouvoir dire oui à la totalité de sa vie.

Quelques croyances dont on pourrait guérir

Voici quelques-uns des préjugés (faits tant de mental que d'émotif, comme la souffrance) qui sont propagés par les hérauts du nouvel âge et que l'on ferait bien d'examiner sérieusement pour reconnaître où l'on se fait « avoir ».

❋ **« Pour être spirituel, il faut être en santé »**, ou sa variante : « Si vous êtes vraiment spirituels, vous serez nécessairement en parfaite santé. »

C'est la voie de la connaissance de soi dans une attention suivie qui nous libère des émotions, des croyances et des attentes, et non pas quelque message d'en haut, la citation d'un gourou ou une extase « qui a transformé toute ma vie ». Et comme on ne peut fabriquer des conditions qui amènent la transformation de son être, on ne peut que se connaître à fond et apprendre à devenir autonome. Or ce sont les épreuves et les événements du quotidien qui nous en fournissent largement les moyens. En effet, on apprend à se connaître à même les contrariétés, qu'elles soient la maladie, le deuil ou les problèmes financiers. Dire que la santé est une condition *sine qua non* du bonheur ou de la transformation, c'est être pris dans une croyance hypnotique.

Les plus grands sages de ce siècle ont tous été atteints de cancer. S'il faut de toute évidence prendre grand soin du corps et respecter ses besoins, «l'aimer comme un mari aime sa femme», disait Montaigne, cela se fait avant tout en cessant de réagir avec émotivité à tout événement qui se présente. Et même si l'on cesse finalement de s'identifier aux émotions – c'est-à-dire si l'on est libéré, autonome –, le destin du corps n'en poursuivra pas moins son cours.

※ **« On est ce que l'on mange »**

Oui, on peut dire que le corps est ce qu'il mange, puisqu'il n'est que le résultat de la nourriture ingérée. Mais sommes-nous seulement un corps ? Si oui, nous aurions raison de craindre la mort et de nous concentrer uniquement sur le plaisir corporel. Mais un certain vécu uni à une longue réflexion peuvent nous faire voir un peu plus loin. Par exemple, une sensibilité plus affinée pourra pressentir que le champ de mystère qui entoure le corps (comprenant la pensée, l'émotion et la sensation) est l'indice d'une intelligence qui dépasse tellement celle du mental que celui-ci ne peut même en comprendre ni l'étendue, ni la finesse, ni, surtout, la sagesse. (Nous aurons l'occasion de reprendre ce thème au dernier chapitre.)

La question est donc de savoir à quoi on s'identifie. À son sexe, à son estomac, à son apparence, ou davantage à l'intelligence de tout l'être (comprenant le corps) de même qu'au silence qui nous habite, une fois que l'on a cessé de se croire seulement corps ou cerveau ?

❋ « **La maladie est causée par l'émotion** », ou sa variante : « Chaque maladie est causée par une émotion précise. »

Voilà un autre slogan qui n'a jamais été sérieusement examiné, car il semble difficile pour les adeptes du nouvel âge et des médecines douces de s'imposer un minimum de rigueur scientifique. Déjà, saint Paul ânonnait que « la mort est due à vos péchés », croyance aujourd'hui reprise sous la forme suivante, « malheur à vous si vous êtes malade, car c'est le signe que vous offensez la nature et qu'elle vous punit en retour ». Au point de départ, on ne peut affirmer que la maladie est imputable à des émotions. Mais ce que l'on peut dire et ce qu'il faut dire, c'est que les émotions peuvent certes affaiblir le système immunitaire, mais elles ne peuvent jamais créer un virus. L'émotion peut seulement retarder ou empêcher une guérison, c'est-à-dire empêcher le corps d'aller lui-même vers la guérison, puisque ce n'est jamais la volonté ni l'intellect qui peuvent guérir le corps, seulement le corps lui-même. Alors qu'en revanche, l'émotivité unie à l'imagination peuvent beaucoup pour retarder ou pour bloquer l'action spontanée de la guérison, ou, au contraire, pour favoriser la guérison.

Quant aux causes de la maladie, elles sont nombreuses et complexes : les bactéries et les virus, une mauvaise hygiène, un climat malsain, un travail excessif ou dans de mauvaises conditions, une alimentation mauvaise ou surabondante, un manque de sommeil et d'exercice, la présence de complexes et d'inhibitions, les croyances et les tabous religieux, les soucis, la dépression, les conflits de famille, les tares et les maladies héréditaires, les ravages du tabac, du café, des drogues, un corps anémique, des organes dysfonctionnels, des déficiences hormonales, sanguines, musculaires...

✳ « Les médecines douces suffisent »

Si les humains n'étaient pas eux-mêmes violents (vis-à-vis du corps, des autres et des croyances qu'ils combattent), on pourrait se permettre ou exiger une médecine qui ne serait que « douce ». Mais chaque humain contient et cache de la violence, de la colère et de la haine, parfois même en raison de ses croyances

religieuses et politiques, nourries surtout d'émotivité. Et croire qu'une médecine douce nous
rendrait doux comme des agneaux fait partie
des croyances gratuites et naïves du nouvel âge.
Pourquoi toujours vivre dans une partie en
refusant l'autre ? Pourquoi ne pas intégrer les
deux, incorporer les deux médecines, en utili-
sant les « alternatives » pour prévenir et les
« traditionnelles » pour intervenir en cas d'urgence, de maladie grave et d'interventions
nécessaires ? J'utilise moi-même les deux et
lors de ma longue maladie de cœur, les aiguilles
d'acupuncture et l'homéopathie n'ont pas su me
sauver. C'est ici que l'opinion du psychiatre
Richard Verreault m'apparaît très pertinente :
« Médecine classique, médecine alternative : ce
ne sont que sottises. Il n'existe qu'une médecine, celle qui soulage et qui guérit. »

✳ « Il est impératif de vivre longtemps »

L'obsession à l'égard de la longévité rappelle
le « complexe olympique » qui valorise l'acces-
sion aux médailles d'or, l'hyperformance et le
dépassement des autres, au mépris de la majo-
rité qui n'est ni douée ni favorisée. Mais l'âge n'a
rien à voir avec la qualité d'un être ou de sa vie,
pas plus que le fait de parvenir à être « le coq sur
le tas de fumier » n'est un critère d'intelligence,
d'humanité ou de grandeur d'âme. Si quelqu'un
vit en paix avec lui-même, il sera libre vis-à-vis
de la vie et de la mort, car il vivra dans le présent, où il n'y a jamais d'âge.

Du reste, certaines grandes figures ont accompli des merveilles en peu d'années : Schubert (31), Alexandre et Jésus (33), Mozart (34), Bizet, Van Gogh et Toulouse-Lautrec (37), Mendelssohn (38) et Chopin (39), et bien d'autres. Plusieurs ont fait de grandes choses malgré leur maladie : François d'Assise, Pascal, Chopin, Proust, Hawking, pour n'en nommer que quelques-uns. Il n'y a pas de mort « prématurée ». C'est là le jugement étroit et satisfait de ceux qui ne peuvent se contenter de reconnaître qu'il y a ici quelque chose qu'ils ne comprennent pas. Pour montrer qu'ils savent, ils se croient obligés de se prononcer péremptoirement sur de simples faits inexplicables.

Mais il n'y a rien à dire devant les faits. De toute façon, ce n'est pas la longévité qui compte, mais la croissance de l'être, son ouverture à la vie et sa créativité.

Comme il n'y a que le présent qui existe et qu'il ne contient aucune durée, la pensée s'est créé le concept de la durée pour se donner une sécurité, une assise – un empattement, pour ainsi dire. Elle a ainsi inventé le passé et l'avenir qui, chacun dans son coin, sont pourtant inexistants : le premier parce qu'il n'est plus, le second parce qu'il n'est pas encore. Mais comme le mental n'aime pas les faits bruts – ce qui est ou que l'on ne peut nier –, il préfère rêver de souvenirs et de possibles. Il ne s'ennuie que parce qu'il refuse le présent. Par conséquent, il vit toujours de frustration (les choses agréables sont passées, les désagréables s'en viennent) ou d'attente (les choses désagréables sont passées, j'espère maintenant les agréables). Il n'accepte rien : il aime souffrir.

CHAPITRE 11

VIVRE OU RÊVER
SA VIE?

Le rêve

Le rêve ordinaire, qui est différent du songe, est un moyen naturel pour l'organisme de régler et de «mettre à jour» les conflits, les déceptions et les désirs restés en suspens durant la journée écoulée. Et ce n'est pas par accident que ce défilé d'images demeure voilé, symbolique : c'est qu'il ne s'adresse pas à l'esprit analytique.

En fait, il ne s'adresse à personne, c'est l'organisme qui fait tout simplement le ménage dans ses émotions. Comme l'esprit analytique ne peut comprendre ce monde mystérieux et symbolique, il ne peut non plus le respecter. Aussi va-t-il tenter de le réduire à une suite d'idées claires et linéaires, ce qui défigure le tout et le dénature. Si bien que le rêve que l'on raconte n'est jamais le rêve que l'on a vécu. Et plus on le raconte, plus il devient pure invention.

Or tout rêve se déroule en dehors du temps ordinaire ; il télescope plusieurs temps à la fois : passé, présent et, parfois, futur. Les symboles, toutes catégories confondues, couvrent plusieurs plans simultanés, et il est impossible de les comprendre en les résumant ou en les expliquant à l'aide de ces « dictionnaires de rêves » tellement à la mode et tellement inutiles. (Ce que l'on peut inventer au nom du savoir pour encombrer l'esprit et prétendre remplacer la sagesse du corps !)

Seul le senti peut accueillir l'émotion du rêve ressentie au réveil. Accueillir cette émotion, la reconnaître sans plus, voilà tout ce que l'on peut faire d'utile à ce moment-là, si l'on veut respecter cette alchimie mystérieuse et inviolable. (Voir ce qui est dit du sacré au chapitre 17, intitulé « L'intelligence du corps ».) Mais hélas ! la démangeaison de vouloir tout dire et tout expliquer nous empêche de laisser l'organisme faire son travail. On force ainsi la vie à nous révéler

ses secrets (qu'elle ne révélerait pas spontanément), on veut toujours contrôler afin de comprendre, alors que le contrôle est un acte de
violence – quand ce n'est pas tout simplement
un viol. Un rêve raconté et expliqué est un rêve
profané. Je pense que ce que l'organisme nous
dit à travers le rêve, c'est justement que nous ne
pouvons comprendre par l'analyse, par la pensée linéaire ; nous pouvons seulement forcer le
mystère de la vie en voulant le réduire à une
forme qui satisfait notre machine à penser. Le
rêve nous dit que nous sommes beaucoup plus
que la pensée claire et linéaire, que nous sommes
plus grands et inclusifs que tout ce que nous
pouvons rendre par la parole.

*Parler d'un rêve, c'est comme vouloir saisir
dans la main un flocon de neige qui descend.*

On trouve cette même démarche préten-
tieuse lorsqu'on cherche à «expliquer» une
pièce de Mozart, un poème d'Apollinaire ou une
toile de Corot. Il est futile et simplement ignorant
de faire tous ces commentaires, alors que
l'œuvre d'art est déjà la parole exprimée, elle est
déjà ce qu'il y avait à dire et qui ne pouvait l'être
davantage ni autrement. On ne peut que la sentir, cette œuvre, on ne peut jamais l'expliquer.
Tout commentaire rompt le charme et profane
ce qu'il y a d'inexprimable, à quoi renvoie justement l'expression «œuvre d'art».

Le songe

Alors que le rêve ordinaire gagne à demeurer sans commentaire ni explication, en revanche, le songe est habituellement déjà clair par lui-même. Il est en soi une clarification. Pendant les douze ans que j'ai côtoyé de près le peuple des Objibwés de l'Ontario, ces autochtones me racontaient souvent leurs songes, qu'ils considéraient comme venant de l'au-delà, le monde où résident les esprits des ancêtres. En effet, le songe fut de tout temps perçu comme un message transmis par les fondements secrets – sacrés – de l'être et de la vie. Il peut se manifester plusieurs fois et sous forme différente, de sorte qu'on n'oublie pas son message caché, qui est davantage une suggestion, une sollicitation, qu'un commandement. Chacun de nous peut recevoir un songe une fois ou l'autre dans sa vie, surtout pendant les moments difficiles, aux croisées des chemins. Mais le sens n'apparaît, comme toujours, que si le cœur est ouvert et attentif.

Rêver sa vie ?

Comme on l'a vu pour le rêve, c'est devenu une obsession que de vouloir tout expliquer, même et surtout l'inexplicable, afin de se donner la sécurité de savoir et de contrôler. (On veut savoir pourquoi on est le seul de la famille à avoir eu le cancer; pourquoi la vie semble s'acharner sur soi; pourquoi on ne parvient pas à devenir riche; pourquoi ce sont toujours les bons qui souffrent; pourquoi ce sont toujours les mêmes qui gagnent... De la même façon, on cherche à fouiller la vie privée de tout un chacun, de jouer les *paparazzi*, de déterrer tout ce qui sent le scandale, de faire comme «le paon qui en faisant la roue montre son cul» [Apollinaire], de paraître à la télévision pour dévoiler son intimité ou ses pratiques intimes, etc. La nouvelle obsession de notre époque, c'est l'obligation de «tout dire», de se mettre corps et âme à nu et à poil. Le secret, le silence, le tacite, l'intériorité sont presque considérés comme une infamie, une injure à notre «droit de tout savoir».)

En même temps, et en sens inverse, on cherchera un refuge dans le vague à l'âme, l'atmosphère brumeuse de la rêverie. Comme on ne veut pas accepter les frustrations de la vie et que la propagande sous toutes ses formes nous propose de fuir, on s'évade de plus en plus dans l'imaginaire, dans la nostalgie et l'irréel – dans l'ailleurs. On préfère rêver sa vie plutôt que d'avoir à la vivre dans son quotidien gris et monotone. Tout cela est fort bien aussi longtemps que les faits de la réalité concrète sont acceptés et intégrés. Mais hélas! ce n'est pas ce qui se produit habituellement. Au contraire, plus on valorise l'agréable, plus le désagréable nous pèse et nous écœure. (Plus on « exige » le printemps, plus l'hiver semble insupportablement long.) La fuite ne règle rien : elle ne fait que rendre notre frustration plus évidente et insurmontable.

Je ne vois pas comment on peut fuir sa vie ou son être, son corps et ses conditionnements, et être en même temps en paix et bien incarné. Bien sûr qu'il est agréable d'aller voir un film, de lire un roman, de s'évader un instant dans la rêverie, mais chaque fois que l'on fuit volontairement le présent pour vivre de passé et d'avenir – de rêve et d'irréel –, on se rend moins capable d'accueillir la vie telle qu'elle se présente, on est moins alerte, plus affaibli, plus influençable, donc moins autonome. La rêverie nous maintient dans une sorte de dépendance, accentuant le besoin, le manque, l'attente d'un bonheur ou d'un amour complètement irréalistes. Mais surtout, la rêverie est une dépense d'énergie inutile. Déjà, l'acte de penser consomme beaucoup d'énergie, mais rêvasser ou se livrer à l'imaginaire romantique, c'est une perte pour l'individu qui veut être complètement éveillé et en vie.

En revanche, la rêverie prend un tout autre sens chez l'artiste, car elle est l'étape essentielle à la préparation de son œuvre, et non tout d'abord une fuite de ses responsabilités et de sa vie. Au contraire, l'artiste permet à l'œuvre en gestation de digérer toute sa vie et de la transmettre dans une création, transformée et inten-sifiée. La gestation de l'œuvre, c'est justement le temps de la rêverie, qui n'a rien à voir avec les rêvasseries des adolescentes romantiques. Pour l'artiste, rêver à l'œuvre, c'est déjà travailler à sa création.

La vie du présent nous invite sans cesse à demeurer dans le corps qui, lui, se trouve tou-jours au présent. La vie est une danse dans l'aire du présent. Cette vie que nous vivons ne se trouve pas ailleurs. Il n'y a pas d'ailleurs.

CHAPITRE **12**

LA VIE
A-T-ELLE UN SENS?

L'absurdité de la vie

Pour bon nombre d'entre nous, la réponse à la question « La vie a-t-elle un sens ? » ne fait pas de doute. Du reste, plusieurs écrivains et penseurs, soit pessimistes ou réalistes, soit simplement déçus et déprimés, ont souvent affirmé que la vie était une course absurde menant nulle part. Avaient-ils raison? C'est l'évidence même, me direz-vous. Il suffit de regarder les faits:

* ❋ une femme meurt d'un cancer à trente-deux ans, laissant deux enfants en bas âge;

* ❋ un enfant naît avec un cœur démesuré;

* ❋ un père de famille perd ses deux jambes à la suite de quoi il est sans emploi, alors qu'il a quatre enfants à nourrir;

* ❋ un jeune enfant meurt d'une maladie incurable à cinq ans;

* ❋ un père de famille, qui a passé sa vie à bâtir son domaine, perd tout lors d'une inondation, d'un feu ou d'un cyclone;

* ❋ un autre se fait tout voler;

* ❋ et son meilleur ami part avec sa femme;

* ❋ enfin, il y a ce pays qui est censé être chrétien, mais qui cherche à exterminer les pays voisins qui ne le sont pas.

Décidément, tout est à l'envers, «les dieux ont marché sur la tête», la vie n'a tout simplement aucun sens.

C'est depuis toujours que la vie emporte dans son torrent épreuves, contrariétés, mortalités, divorces, fléaux, krachs et épidémies. Tout cela a toujours existé et fait partie de la vie. On peut dire que c'est notre expérience commune à tous. Où que l'on se tourne, on peut y trouver du non-sens, du désordre ou des remises en question radicales: la société est ébranlée dans ses fondements, à l'image du paysage climatique. Par exemple:

❋ N'est-il pas absurde de vivre dans un monde où les riches s'empiffrent aux dépens des pauvres? où les pays nantis payent des salaires de famine aux pauvres, pour fabriquer des articles qui sont ensuite vendus à 300% de leur valeur réelle?

❋ N'est-ce pas insensé de vivre dans une pollution croissante, alors que l'on possède la technologie pour l'éviter? de vivre dans un monde où les compagnies privées et les institutions publiques mettent à pied des gens qualifiés et encore jeunes, uniquement parce qu'elles pressentent une baisse dans leurs profits?

❋ Et que dire du fait que les jeunes se préparent pour une profession déjà périmée ou, au mieux, incertaine, que les enfants se donnent le droit d'arrêter leurs parents parce que ceux-ci auraient l'audace d'assumer leurs responsabilités?

Partout, la société baigne dans une mer de dissolution morale, dans un monde où l'on croit davantage à la machine qu'à l'humain et où l'on pense vraiment que les communications vont remplacer la compréhension mutuelle et que, dans ce sens, c'est la machine qui va nous sauver. Dans un tel contexte, il est facile de conclure que la vie humaine a de moins en moins de valeur, qu'elle est même un non-sens total, que nous ne savons vraiment pas où nous allons.

Le « sens » a deux volets

Et pourtant, la vie continue, qu'elle ait du sens ou pas ! Et les humains, malgré eux, poursuivent l'aventure tant bien que mal. Le torrent ne s'arrête pas, quoi que l'on dise ou que l'on pense. Il nous emporte, que nous comprenions ou pas. C'est que le mot « sens » a deux connotations : la signification et la direction. Par exemple, on peut aller dans le sens de la rivière ou placer une boîte sens dessus dessous ; il s'agit ici de direction.

On peut aussi trouver que telle phrase, telle opinion ou telle action sont dépourvues de sens ; il est alors question de signification.

Mais lorsque l'on se demande si la vie, dans sa totalité, a du sens ou un sens, est-il alors question de signification, de direction ou des deux à la fois ? Déjà, ce n'est plus aussi simple. En effet, quel est le sens d'une rose, d'une mélodie de Mozart, d'un amour ou d'une maladie ? On voit bien que le fait de savoir si une chose a du sens (signification) n'est peut-être pas essentiel à sa valeur ni même à sa compréhension.

Ce qui semble certain, c'est que le courant de la vie n'attend pas d'avoir une signification pour poursuivre son chemin. La vie va dans le sens que lui indique la flèche du temps, sans jamais expliquer le but de son parcours. Autrement dit, ce n'est pas la signification intellectuelle qui la fait couler. Un événement se produit, un autre disparaît, une personne rayonne pour un temps puis s'efface, tout change et se bouscule sans que l'on sache comment ni pourquoi. La signification de la vie reste cachée dans sa direction, qui elle, bien sûr, est évidente. Peut-être que ce fait pourrait nous aider à comprendre un peu plus en quoi la vie peut avoir ou non un sens.

Le sens de la vie individuelle

Disons d'abord qu'il est difficile, peut-être même prétentieux, de vouloir trouver le sens de la vie en général ou de l'univers dans son entier. Ne pourrait-on pas cependant chercher à trouver le sens de sa vie propre, de son vécu? Quant à moi, j'ai dû vivre un bon moment avant de trouver pourquoi j'avais vécu mon enfance ou mon adolescence. Je me suis rendu compte que tout le passé ne prenait sens qu'à mesure qu'il s'éloignait, comme une ville dont la beauté et la grandeur n'apparaissent qu'à mesure que le navire quitte le rivage.

J'ai connu une enfance pénible et grise, ayant souffert de l'asthme dès l'âge de six ans jusqu'à vingt et un ans, une maladie qui me gardait souvent au lit, dans le silence et l'isolement. À cela s'ajoutait, comme je l'ai écrit ailleurs, un malentendu profond avec le père, qui ne pouvait tolérer qu'un de ses sept garçons ne soit pas le cultivateur robuste qu'il était. Eh bien, il m'a fallu une bonne trentaine d'années avant d'y voir clair, c'est-à-dire d'accepter ce passé ! Il m'a surtout fallu plonger davantage dans ce conflit qui m'opposait à l'autorité, par un long séjour dans une communauté religieuse marquée au coin de l'obéissance et de la rigueur. Et pour comble, tout le monde s'y appelait « père » : impossible d'éviter la confrontation ! Mais cette arène m'a permis de rencontrer l'autorité extérieure qui m'écrasait et, à force de reconquérir ma confiance, de forger ma propre autonomie, d'intérioriser l'autorité. C'est ma vie qui devenait mon autorité : je ne craignais plus celle d'en dehors. La longue paralysie de l'enfance et le repliement profond de l'adolescence avaient finalement pris leur vraie signification qui était totalement positive, alors que je les avais vus comme le non-sens le plus total. C'est en vivant ces drames que la vie se clarifiait, un peu comme un paragraphe qui n'a de sens qu'une fois lu.

C'est la direction, le temps consumé à vivre l'événement, qui contient et révèle la signification, une fois arrivé au point final. Or le fait que la signification totale du paragraphe ou d'une tranche de vie ne nous soit révélée qu'une fois parcourus suggère que, dans un parcours, la signification dépend toujours de la direction, du flot, du mouvement engagé. La direction vers laquelle pointent les événements est un indice de leur signification. Autrement dit, on ne pourrait trouver du sens à un événement qu'en le vivant intensément, c'est-à-dire en lui étant présent, en l'acceptant, en l'épousant. Tout comme on ne peut se promener à cheval que si l'on prend place sur son dos, si l'on épouse sa forme et son mouvement, c'est-à-dire que si l'on devient le parcours, le mouvement, la direction qui est prise et que l'on est devenu au même titre que la monture.

Le non-sens contiendrait-il le sens?

Il est curieux qu'au cours de ma vie, les moments creux ou vides de sens aient été aussi importants que les moments pleins ou satisfaisants. Je peux même dire que ce sont les solitudes, les peines d'amour, les maladies et les moments de grand doute et de remise en question qui ont donné à ma vie un sens – son sens. Mais la condition pour que cela ait pu se faire réside dans l'acceptation, c'est-à-dire dans le fait d'épouser le mouvement. Ce sont les non-sens apparents qui cachaient un sens plus plein et plus vrai. Peut-être que cela indique que, pour moi, le sens ne pouvait ou ne devait venir que d'un questionnement, d'un aveu d'incompréhension, d'un «je ne sais pas». Et c'est l'absurdité révoltante de la situation qui m'obligeait à poser la question, à chercher la solution, à m'en sortir, à voir ce que tout cela «voulait dire». Autrement dit, ce n'est pas lorsque «tout baignait dans l'huile» que se forgeait le sens, mais lorsque tout paraissait insensé et inutile. Le non-sens semblait gorgé d'un sens, mais d'un sens qui demeurait toujours caché et qui, en réalité, est toujours demeuré voilé, même s'il peut être deviné. Le non-sens nous pousserait-il à chercher un sens, tout comme dans la phrase: «Vous ne trouverez pas la sortie, à moins d'aller dans ce sens-ci»?

La sécurité donne-t-elle sens à la vie?

Il est à la mode de croire que la vie n'a de sens que si l'on est installé dans un ancrage stable (comme ce fut le cas des *baby-boomers*), dans une sécurité sociale ou affective, comprenant emploi, famille, argent, succès et reconnaissance du milieu. On s'est ainsi habitué à croire que la sécurité en tous points garantissait la valeur d'une vie, à la fois sa signification et sa direction. On croyait savoir où on allait et, par conséquent, on croyait s'en aller dans la bonne direction, dans une direction toute planifiée d'avance. Et le «bon sens» nous confirmait que l'on avait raison. Mais se pourrait-il que ce fameux «bon sens» n'aille pas dans la bonne direction, qu'il ne puisse donner la vraie signification, voire qu'il aille à l'encontre même de la vie et de la croissance?

Dans mon cas, le sens de la vie s'est perdu dans la mesure où j'ai cherché à m'agripper à toutes sortes d'objets, de personnes ou de situations: enseignement, avenir assuré, réputation, etc. La recherche de la sécurité empêchait ma croissance et m'empêchait de sentir le courant de la vie qui est toujours un mouvement insécurisant. Chaque fois que j'attendais le bonheur à partir de quelque chose d'en dehors – personnes, possessions, positions –, je perdais mon autonomie et ma paix. Je savais, sans toujours vouloir le reconnaître, qu'aussi longtemps que je dépendais des autres pour être heureux, je ne le serais jamais, et qu'aussi longtemps que je forcerais la situation pour en obtenir ce que je voulais, je perdrais cela même que je cherchais. C'est finalement à travers les bouleversements – les échecs et les aveuglements – que ma vie s'est peu à peu clarifiée et allégée.

Comprendre sa vie, c'est en accepter le mystère

Le sens le plus total de ma vie m'est apparu dans une circonstance assez exceptionnelle et que, du reste, j'ai souvent racontée par le passé. Ayant découvert qu'en poursuivant mes activités je ne pouvais davantage résister aux progrès d'une maladie, je décidai d'appeler l'urgence médicale et je partis aussitôt pour l'hôpital. J'avais résisté et refusé autant que je le pouvais, et soudain la vie me prenait en main. Quelque chose en moi disait oui à tout : le passé, la mort possible (il s'agissait de six pontages), la vie à poursuivre. L'existence s'ouvrit sur la plus simple évidence : la vie semblait se dérouler silencieusement, sans effort ni heurt. Pas de désir, pas de refus. Toute la vie passée se déroulait comme une longue suite de beaux moments. Ce n'est plus moi qui allais ou qui pensais aller quelque part : le sens de ma vie ne venait pas d'un moi qui la dirigeait comme un jockey contrôle son pur-sang, c'est le pur-sang qui conduisait tout, lui seul savait où aller, son parcours semblait plein de sens. L'intelligence du corps savait mais ne disait mot. Le sens demeurait caché. Il est dans la dimension sacrée de notre être et de la vie. Tout comme le sens de la rose (est-il dans sa couleur, dans sa forme ou dans son parfum ?).

Le non-sens vient du refus

Cette réalisation m'a porté à m'interroger longuement sur le sens que les gens autour de moi cherchent à donner à la vie ou à lui imposer. Je me rendais compte que l'erreur principale que nous commettions venait sans doute de notre incapacité à accepter la frustration, et que ces réactions étaient sûrement enrichies par l'omniprésence d'une propagande férocement ciblée sur notre émotivité infantile, sur nos besoins imaginaires et sur notre insatisfaction chronique. Nous voulons toujours autre chose que ce qui est. Nous persistons à croire que le sens de la vie, comme le bonheur, est ailleurs, dans quelque chose que l'on cherche aveuglément. À cause de cela, tout apparaît un non-sens.

Nous n'allons pas dans la bonne direction. Le bonheur et le sens ne se trouvent pas dans quelque chose que l'on cherche à l'extérieur, dans quelque chose qui se trouve là-bas en avant, dans l'avenir. Il est dans ce que l'on fuit. Le sens se trouve dans la situation actuelle que l'on rejette, refuse et fuit. En réalité, on fuit le présent dans la mesure où il nous apparaît comme un non-sens, comme une situation inacceptable. Et ce n'est qu'après avoir suffisamment souffert de cette fuite en avant ou en arrière que les choses refusées commenceront à révéler leur visage réel. C'est alors seulement que l'on pourra voir combien les traumatismes, les échecs et les drames étaient gorgés de leçons.

Le sens ne se trouve qu'au présent, comme le bonheur qui est l'absorption complète dans ce qui arrive. Et cette absorption prend toute la personne, qui cesse alors d'être divisée entre le passé et l'avenir, pour ne vivre que là où tout prend son sens.

Le sens du présent

Peut-être qu'après tout, le sens de la vie, c'est d'être là où l'on est - et là seulement. C'est d'être au présent, là où ça se passe. Autrement dit, on vit dans la mesure où on arrête de fuir, de résister ou de chercher midi à quatorze heures. Nous cherchons à être comme les deux extrémités du pont qui sont ancrées dans la solidité, alors que le courant passe en dessous, là où se trouve la vie. (Où la vie se trouve !) La solidité et la sécurité ou bien la vie : durer ou être en mouvement.

C'est parce qu'elle bouge toujours que la vie est toujours pleine de sens. Ce qui refuse de bouger fige tout sens, ça ne va nulle part et ça ne veut rien dire. Mais ce qui bouge et va quelque part ne reçoit pas à l'avance sa direction ou sa signification. C'est en vivant pleinement chaque instant, en se perdant dans le moment présent, que l'on cesse de se poser des questions sur la signification de la vie ou sur l'existence du bonheur. (Quelqu'un qui se demande s'il est heureux ne l'est pas.) Car lorsqu'on fait un avec le mouvement de la vie, on est comblé : la vie regorge de sens.

CHAPITRE 13

LE POUVOIR QUE NOUS CROYONS AVOIR SUR LA VIE

Le mystère de la vie

On entend souvent les réflexions suivantes :

* ❋ « Ce sont mes parents qui m'ont donné la vie » ;

* ❋ « Aussi longtemps que je suis là, je vais tout faire pour que rien de mal n'arrive à

mes enfants, pour qu'ils n'aient pas à endurer ce que j'ai enduré » ;

❊ « N'oublie pas que même si tu as trente ans, je suis encore ta mère ; on reste toujours la mère de ses enfants ».

Personne ne se donne vraiment la peine de regarder de plus près ces croyances ou de les remettre en question : on les accepte simplement comme des évidences. Pourtant, tout cela est moins que sûr. Même la biologie, qui s'est longuement penchée sur ces questions, ne sait pas encore ce qu'est la vie, d'où elle vient, ni quand elle est apparue. Elle ne peut, par exemple, expliquer pourquoi le système immunitaire de la femme ne rejette pas le corps étranger qu'est le spermatozoïde reçu du mâle, comme si le corps était complice d'un plan secret qui suspendrait le fonctionnement normal. La science sait encore moins expliquer comment il se fait que l'ADN demeure le même dans chaque cellule de l'embryon, alors que tout ce qui en sortira – veines, artères, nerfs, muscles, organes, membres – est dissemblable par la forme, le rôle et la fonction.

Tout dans la fécondation, la gestation et l'enfantement est pure merveille, pur mystère et pure spontanéité. Comment est-ce possible que la mère, si géniale soit-elle, comprenne et contrôle tout ce processus ? Comment surtout penser qu'elle le produise ? Le cerveau peut bien s'efforcer de comprendre, mais le prodigieux code génétique a prévu le cerveau lui-même qui, un jour, allait tenter de comprendre ce code et même ce cerveau. Le cerveau arrive en second. Il se passe ici, comme partout dans notre vie, quelque chose qui dépasse notre esprit analytique et qui, par conséquent, ne dépend pas pour exister de notre effort, de notre volonté ou de notre intellect. C'est comme dans le cas de la sexualité : elle apparaît à la puberté sans qu'on ait à s'en soucier ou à l'attendre. Et, surtout, sans qu'on ait à comprendre. Nous ne contrôlons rien. La vie n'est pas à nous et ne vient pas de notre pensée. Et l'on n'a pas besoin de comprendre pour que tout cela se fasse. Probablement que si l'on comprenait, ce serait le signe que ce serait trop simple ou simpliste pour produire de la vie !

La mère ne donne pas la vie

En effet, c'est le corps de la mère qui engendre un corps, celui du bébé. Ce n'est ni la pensée, ni l'intention, ni la personnalité maternelles qui agiraient consciemment, mais seulement le corps. Il n'y a pas chez elle de planification mentale où sont prévues toutes les étapes de l'embryogenèse et de l'implantation du placenta. Ce n'est pas comme la construction d'une maison ou l'élaboration d'une thèse philosophique, qui exigent toutes deux une planification rationnelle. L'action est ici corporelle, et donc spontanée : d'un corps naît un autre corps, comme de la semence de l'érable naît un érable complet contenant à son tour la semence d'un prochain. Chaque arbre, comme chaque corps maternel à travers toute la nature, est simplement un relais dans la chaîne sans fin ni commencement de la vie.

Certes, chaque parent persistera à se croire le fabricateur et donc le possesseur de sa progéniture. Et s'il est évident que la vie se sert du corps maternel qui va porter, enfanter, nourrir, caresser le bébé et veiller à son bien-être, il est également évident que la mère ne s'en tiendra pas à cela.

La maternité biologique et psychologique

La maternité biologique finit par être absorbée par la maternité psychologique : les attentes mentales et émotives l'emportent sur le rôle corporel. On nourrira, on cultivera des soucis, des inquiétudes, des peurs, des attentes et, surtout, de la possessivité. Mais si la mère veut vraiment que l'enfant vole de ses propres ailes – ce qui serait dans le dessein de la croissance –, il faudra tout d'abord qu'elle cesse de s'identifier à son propre rôle et à ses attaches affectives. Alors seulement l'enfant pourra devenir autonome. Il ne serait donc pas juste de dire que la maternité dure toute la vie : à un moment de la croissance, le rejeton devra poursuivre seul son chemin, et il ne le pourra que si le parent s'est libéré de son rôle, que si la mère cesse d'être la mère. (On a beaucoup de peine à distinguer ici entre rôle et nature. On croit qu'en tant que mère, on ne fait pas que jouer un rôle ou remplir une fonction : c'est l'être même qui est mère, et ce, pour toujours. C'est un peu comme si l'on disait qu'un policier a une nature policière, plutôt qu'un simple rôle à remplir, de sorte qu'en faisant l'amour, il agirait toujours comme un policier ! Cette comparaison cloche cependant et la raison en est celle-ci : la mère remplit un rôle très viscéral – l'enfant est tiré de ses entrailles –, alors qu'un policier établit une relation beaucoup plus dégagée avec les citoyens.)

C'est peut-être ici que la femme achoppe dans sa croissance intérieure, dans son avancée vers l'autonomie totale. Elle a sans doute plus de courage que l'homme, plus d'endurance, plus de compréhension et de sensibilité que lui, mais son identification à son rôle de mère et, par le fait même, à ses enfants semble freiner son évolution spirituelle. La femme fait face ici à un mur que toutes ses qualités exceptionnelles ne semblent pas lui permettre de franchir. Ainsi, elle continuera de croire qu'elle dure dans son rôle pendant toute sa vie et pendant la vie du fils ou de la fille. Elle pourra vivre dans une nostalgie, en s'accrochant au passé. Elle ne veut pas vraiment vivre la vie telle qu'elle est, c'est-à-dire passer, changer, laisser partir le passé. Elle veut durer, et comme rien ne dure, que tout n'est que changement, différence, mutation, elle ne sait plus vivre dans le présent, là où tout se passe. Pourtant, vivre n'est-ce pas vraiment savoir mourir au vécu ?

Est-ce pour tout cela que les femmes atteignent si difficilement le niveau des sages, de ces êtres qui, libres de tout, n'attendent plus rien comme ils ne regrettent plus rien, identifiés qu'ils sont à la vie sans son mouvement même, dans son impermanence continuelle ? Je suis porté à le croire.

Quel pouvoir avons-nous sur la vie des enfants ?

On peut enfin se demander si c'est en notre pouvoir de rendre «nos» enfants heureux ? Pouvons-nous vraiment leur éviter le sida ou les drogues ? Pouvons-nous les empêcher de souffrir dans l'âme ou d'être blessés dans leur corps ? Pouvons-nous enfin leur assurer un avenir ? Ces questions sans réponses seront pour nous une cause de torture si nous croyons que les enfants nous appartiennent ou que nous sommes responsables de leur destin. En reconnaissant plutôt que l'enfant appartient à la vie, qu'il est pris par un courant qui nous entraîne tous et dont nous ne sommes pas les maîtres, nous cessons de nous prendre pour des personnages responsables de tout. Nous faisons ce que nous croyons devoir faire, le reste ne nous regarde pas. L'enfant n'est pas notre création, c'est simplement un prolongement corporel, comme la branche qui pousse sur le rosier. Mais ce qui est notre création, c'est la souffrance émotive qui vient avec la prétention d'être les propriétaires des enfants. La vie n'est de personne et n'appartient à personne. Et c'est parce que nous ramenons tout à notre personne que le départ (ou la dérive) des enfants nous paraît intolérable.

Chapitre 14

PEUT-ON CROIRE À L'APRÈS-VIE ?

Les attitudes face à l'au-delà

Il y a plusieurs attitudes possibles vis-à-vis de l'au-delà. On peut croire, par exemple, que tout cela est de la pure fantaisie, puisque la mort met fin à tout et que l'esprit n'existe qu'aussi longtemps qu'il y a un corps. On ajoutera que ceux qui y croient le font pour se consoler, n'ayant pas le courage de regarder la réalité en face.

On peut croire, en revanche, que seule l'après-vie (l'immortalité) peut donner sens à l'existence sur terre. En effet, depuis le début du monde, la plupart des gens reconnaissent que la vie est trop courte pour nous permettre de réaliser tous nos rêves. Plusieurs diront même : « À quoi cela peut-il servir de s'améliorer, d'œuvrer pour changer le monde, de faire du bien, d'aider les autres, de se sacrifier pour ses enfants si, en mourant, nous cessons d'exister pour toujours ? La vie serait-elle simplement une marche incessante vers l'abattoir et rien d'autre ? »

On peut croire également que la réincarnation est en mesure de répondre à plusieurs questions, puisqu'elle rétablit la responsabilité individuelle et abolit l'idée d'être jugé par un dieu aussi sévère que puissant. De plus, chacun aurait l'occasion de se reprendre, alors que dans la religion chrétienne, par exemple, on ne dispose que d'une seule chance.

Enfin, on peut croire aux divers enseignements religieux touchant l'au-delà – le ciel, le purgatoire et l'enfer chrétiens, les *lokas* de l'Inde, les *bardos* du Tibet, la Terre de Chasse des Amérindiens, etc.

Mais on pourrait n'avoir aucune opinion sur le sujet ; étant absorbé par sa vie et sachant que l'on ne peut rien savoir sur ces questions, on pourrait tout simplement les ignorer.

La position de l'agnostique

La première et la dernière positions sont celles de l'agnostique – souvent confondu avec l'incroyant. L'agnostique affirme ne rien savoir sur la question, alors que l'incroyant affirme ne pas croire aux réponses de la religion. L'agnostique croit qu'il n'y a rien à dire sur ces questions, pour la simple raison que l'au-delà n'entre pas dans le domaine des faits. Fort de cette conviction, l'agnostique osera même affirmer qu'il n'y a absolument rien après la mort. Mais attention ! Il cesse alors d'être scientifique, puisqu'il prétend connaître l'inconnaissable. S'il veut être conséquent avec lui-même, il ne peut dire qu'une chose : « Je ne sais pas », rien de plus. Car en affirmant que l'au-delà n'existe pas, il quitte l'attitude scientifique pour entrer dans la croyance : il croit savoir qu'il n'existe rien après la mort.

Or aucune croyance touchant l'au-delà ne peut être prouvée, c'est-à-dire être scientifique !

Peut-on vivre sans croire ?

Il est évident que même les scientifiques entretiennent des croyances (qu'ils appellent des hypothèses). En effet, on ne peut s'empêcher de croire du seul fait que l'on ne sait pas tout, que l'on n'a ni le temps ni la compétence de tout examiner. Ne pouvant vérifier l'existence des mondes, l'infinité de l'univers, la relativité, les atomes, les êtres infinitésimaux habitant notre corps, nous faisons confiance aux savants, c'est-à-dire que nous les croyons. Mais on croira également à son banquier, à la Bourse, à ses amis, à sa santé mentale, à sa compétence, à sa capacité de séduire ou encore à sa maîtresse ! On croit même que l'on vivra demain et peut-être pour longtemps encore, mais on n'en sait rien : c'est une croyance. On n'a pas le choix : on a besoin de croire.

En effet, s'il n'y avait pas de croyance, la vie serait pratiquement impossible : elle perdrait sa motivation et son enthousiasme. On est tenu de croire, puisque l'on fait face à l'inconnu. On devine, on pressent, on pense que telle chose est possible, pour ensuite vérifier l'hypothèse ou la mettre de côté. C'est, du reste, la voie qui mène à la connaissance et qui sait, peut-être même à la paix, sinon au bonheur.

CHAPITRE 15

LA SÉDUCTION
DU MONDE « VIRTUEL »

Un monde où tout est possible

Le mot « virtuel » est entré dans notre vocabulaire avec l'ordinateur, le réseau Internet et les
jeux électroniques de plus en plus sophisti-
qués. Dans l'espace virtuel, comme dans tout
domaine imaginaire, tout nous semble possible :
multidimensions, entités bizarres, concepts,
projections, constructions et déplacements

ultra-rapides. Tout y est plus stimulant, plus innovateur, plus satisfaisant. Mais surtout, le monde virtuel apparaît plus vrai que le réel. En comparaison, la vie réelle pourra sembler grise, plate, pleine d'obstacles insurmontables et hors de contrôle. Celle-ci est également soumise à des responsabilités, à des échecs et à des déceptions, alors que dans le monde virtuel, on crée ses propres règles et ses propres exigences. Finalement, l'expérience virtuelle permet de s'isoler pleinement du réel et d'abolir d'un trait les limites et les laideurs de sa vie. On peut s'y tisser un cocon de rêve, de réconfort et de fantaisie. On y devient inatteignable, invulnérable, complètement protégé.

Le monde appelé « spirituel » serait-il ailleurs ?

Mais il y a plus. Comme le virtuel crée un monde « autre », il évoque celui que l'on nomme « spirituel », qui, lui aussi, est généralement perçu comme « ailleurs », « au-delà », « supérieur ». On nous a même appris que pour atteindre ce plan élevé, il fallait nier, détester et condamner celui de la matière, de la chair et des choses sensuelles. Il devait exister un abîme entre haut et bas, pensée et corps, spirituel et matériel, c'est-à-dire entre le bien qui est du côté de l'esprit et le mal qui est du côté de la matière. Entre ce monde-ci et celui de l'au-delà.

Et puisqu'on croit que le soi-disant « spirituel » doit être ailleurs, il ne peut certainement pas être là où l'on se trouve, c'est-à-dire dans la vie réelle, limitée et ordinaire. Pour y accéder, on croit qu'il faudra se rendre dans certains lieux (monastères, ashrams, sectes, déserts, pays orientaux), faire des gestes inhabituels (méditation, prostrations, *chanting*, vœux de religieux ou de bodhissatvas, mortifications, soumission à un gourou), s'habiller d'une façon étrange (en soutane ou à l'orientale, avec des couleurs safran ou bourgogne), adopter un régime végétarien, changer de nom (*swami* et *shanti*, pour le moins) et, finalement, emprunter un vocabulaire exotique émaillé de termes comme *satori*, *jiriki*, *bardös*, *kundalini*, *chakras*, *sangha* et *sadhana*. Autrement dit : si l'on veut être orienté, on doit être oriental.

Rester en Occident

Il y a, en effet, dans la conscience occidentale actuelle une fuite par en haut et vers l'ailleurs qui est prise pour une entrée dans ce qui s'appelle la « spiritualité ». Être « spirituel », ce serait vivre autrement et faire autre chose – le contraire de ce que l'on fait et de ce que l'on est. C'est ainsi qu'aujourd'hui un grand nombre de gens se laissent happer par cet appel vers l'ailleurs, l'autrement et l'exotique. On cherche un monde imaginaire, désincarné, « virtuel ». On croit que la dimension dite spirituelle est un état spécial qu'il s'agit d'atteindre, alors que c'est simplement une juste perspective sur la vie, une acceptation totale de ce que l'on est, c'est-à-dire la vie autonome. Swami Prajnanpad, le plus occidental des sages d'Orient et probablement le plus grand de notre temps, disait simplement : « La spiritualité est un autre nom pour l'indépendance » – ce que moi j'appelle l'autonomie, la fidélité à soi. Embrasser la tradition orientale avec tous ses rites et ses oripeaux, c'est évidemment céder à une immense tromperie.

On veut aller plus vite que le vécu. On cherche à vivre dans un vocabulaire envoûtant plutôt que dans l'expérience. Et on cite les phrases des « maîtres », croyant que cela nous transmettra leur éveil ! Alors qu'il s'agirait simplement de se rencontrer, sans se fuir, se nier ou se juger ; qu'il s'agirait d'être autonome vis-à-vis des autres, fussent-ils des maîtres, et orientaux de surcroît. Où que l'on aille du reste, on transportera toujours son vécu : le « ciel » n'est pas là-bas, mais au fond de soi. Il ne s'agit pas de s'élever au-dessus de la vile matière, des vices et des vanités de cette vie, mais de se reconnaître en tout cela et de l'assumer pleinement. Apprendre à voir que tout est changeant sur le plan temporel, et différent sur le plan des êtres : toutes les choses sont impermanentes, comme les relations, puisque aucun être ne ressemble à un autre et n'est semblable à lui-même tout le temps.

C'est déjà toute une aventure que d'être simplement soi-même, fidèle à son appel et sensible à son milieu. L'autonomie rend la vie tellement plus simple, mais on cherche plus à dépendre qu'à être autonome. Sans le savoir, on préfère le compliqué, le tourmenté, le dramatique.

Pourtant, le quotidien est le seul lieu de la croissance. C'est là où l'on vit que se trouve la réponse. S'éveiller, c'est tout d'abord cesser de rêver. C'est rentrer dans la vie réelle. C'est s'affranchir de ses chères illusions.

CHAPITRE 16

L'ART PEUT-IL NOUS TROMPER?

« L'art est un mensonge pour mieux dire la vérité. »

PICASSO

L'art n'est pas la vie

Beethoven et Wagner ont cru que, par leur musique, ils allaient changer le monde. Mais ils n'ont changé que le monde de la musique. Car vouloir transformer des humains égoïstes, violents et intolérants en personnes généreuses et compréhensives est aussi prétentieux qu'impossible. C'est toujours l'individu seul qui peut se changer. De toutes façons, le grand art n'a pas pour but de changer les gens, il ne fait que célébrer la vie sous toutes ses formes, sans chercher à convertir qui que ce soit.

Bien sûr, on peut utiliser certaines musiques pour créer un climat apaisant, mais cela n'élimine pas les conflits intérieurs. On peut également passer une soirée émouvante au cinéma ou au concert, mais là encore, le cœur ne sera pas guéri de ses déchirements, simplement apaisé pour un temps. L'art – peinture, musique, poésie, cinéma, sculpture, architecture ou théâtre – peut verser un baume sur nos blessures, mais il ne transforme pas de fond en comble les spectateurs, les auditeurs ni même les créateurs.

En effet, il ne suffit pas d'être un grand créateur pour perdre son narcissisme ou ses préjugés, comme l'histoire de l'art nous le montre trop clairement. Les créateurs généreux, universels et profonds sont plutôt rares. S'il y a quelques noms qui émergent – Bach, Schubert, Schumann, Mendelssohn, Shakespeare, Chaplin, Corot ou même Platon –, il reste que ce que *fait* le créateur et ce qu'il *est* sont deux choses.

Parce que l'œuvre d'art a son propre destin – telle la nacelle quittant le chantier maritime –, elle peut porter un message ou toucher le cœur. Par exemple, les arts visuels peuvent nous servir de miroir. Ils sont parfois des révélateurs :

Citizen Kane, les grands films de Renoir, de Spielberg, de Fellini, de Kurosawa, de Woody Allen, la peinture de Corot, de Van Gogh, de Monet, de Lemieux, les sculptures des Égyptiens, des Grecs, de Michel-Ange et de Rodin, le théâtre de Molière, de Shakespeare, de Beckett, de Tennessee Williams ou de Robert Wilson, révèlent une partie de nous-mêmes que nous ne voulons pas toujours regarder en face. En cela, ils nous font voir au-delà de notre mensonge. Ils sont, comme le disait Pablo Picasso, « des mensonges pour mieux dire la vérité ». Il s'agit de savoir si nous privilégions le côté « mensonge » plutôt que le côté « vérité ».

Le statut privilégié de la musique

La musique est cependant un art unique : étant sans paroles, elle peut nous atteindre directement et en profondeur. En raison de cela, elle sait nous toucher sans passer par la pensée. Aussi est-elle sans doute l'art le plus pénétrant, celui qui suggère le mieux la dimension cachée, l'essence de notre être. C'est ainsi que la musique la plus pure de Bach, de Mozart, de Vivaldi, de Schubert, de Beethoven, de Brahms, de Fauré, de Debussy, tout comme le meilleur grégorien peuvent nous ouvrir à une dimension plus universelle, moins étriquée par la préoccupation de sa personne. C'est ce qui, pour moi, serait de la musique sacrée : celle qui évoque ce qui ne peut être exprimé sans être trahi. Car, selon moi, le sacré ne peut être que suggéré, pressenti.

La musique n'est donc pas sacrée du fait qu'elle évoque une histoire sainte. La musique qui a pour titre *Messie*, *Messe* ou *Ave Maria*, de même que les sculptures nommées *Moïse* ou *Pietà* appartiennent simplement à l'art religieux : elles renvoient à une doctrine, à une croyance. Il y a même plus de sacré dans une aquarelle chinoise, une pomme de Cézanne, un tournesol de Van Gogh et dans toute la musique de chambre (qui ne renvoient qu'à eux-mêmes) que dans tout l'art « sacré » des chrétiens ou des Tibétains (qui renvoie toujours à quelque chose d'en dehors, d'autre, de coupé de la vie).

L'essentiel est indicible

À tout prendre, ce qui compte en art, ce n'est pas ce qui est exprimé, mais ce qui ne l'est pas. Et si, comme disait Saint-Exupéry, « l'essentiel est invisible », il est également juste de dire que « l'essentiel est indicible ». Et bien que l'art soit une chose fabriquée, donc en quelque sorte mensongère, même trompeuse à certains égards (le mot « artifice » contient le mot « art »), il peut parfois faire entrevoir ce qui en nous est le plus intérieur, le moins exprimable, et qui cependant est le plus propre à l'humain, le plus universel.

Mais cela, bien sûr, dépendra toujours de notre ouverture, c'est-à-dire de notre dépassement du mental analytique. En effet, c'est une hérésie que de vouloir analyser l'art. Ce serait comme analyser un amour ou tenter de dire quel est le sens d'une rose. C'est un grave manque de sensibilité.

CHAPITRE 17

L'INTELLIGENCE DU CORPS

La présence du corps

Le 7 janvier 1999, je reviens chez moi après une opération à la carotide gauche. Je me couche toute la journée dans un silence complet. Cela durera trois jours. Je m'aperçois que c'est le corps qui est au gouvernail, et que c'est lui le maître. Que l'intelligence se trouve dans le corps. Je ne me lève que rarement pour manger, suivant en cela la suggestion subtile du corps, qui semble plus enclin à se guérir qu'à se nourrir. Je ne vis qu'au niveau du senti sans être envahi par les pensées.

L'émergence de la pensée

Le deuxième jour, une pensée émerge, suggérée apparemment par ce que vit le corps. Voici cette pensée : « La guérison est spontanée, ne dépendant pas de ma volonté ni de mon effort. » Tout au long du jour, cette pensée entraîne à la queue trois autres idées connexes. Ensemble, elles forment une unité :

* ❋ Toute croissance est spontanée ;

* ❋ Toute guérison est de l'autoguérison ;

* ❋ Tout éveil vient de lui-même – comme la croissance et la guérison ;

* ❋ Tout bonheur est innocent – non causé, non pensé.

L'enchaînement des pensées

Cette suite de pensées suggère les corollaires suivants :

On ne peut ni obtenir ni atteindre la croissance, la guérison, l'éveil pas plus qu'on ne peut atteindre ni acquérir la spontanéité, la créativité, l'amour ou la joie. Ces idées me visiteront et me

soutiendront pendant environ un mois, enga-
geant l'esprit dans les développements qui suivent :

* Le corps se guérit sans que je sache
  comment : il n'a pas besoin de ma
  connaissance pour opérer, ce que, du
  reste, je ne saurais jamais accomplir.

* Même chose pour la croissance.
  Aujourd'hui encore, je ne me rends pas
  compte de la croissance des cheveux ou
  des ongles, ou même de la guérison
  d'une coupure au doigt. Un jour arrive et
  soudain je prends conscience d'une
  chose faite, d'un fait justement : la
  croissance a eu lieu, sans ma surveil-
  lance, mon contrôle ou mon mental
  analytique. Le corps agit même lorsque
  l'esprit est absent ou inconscient.

* La créativité et l'amour viennent toujours sans que l'on sache ni comment ni
  pourquoi ; on ne peut, par conséquent,
  les faire venir. C'est cela que je veux dire
  par l'expression « le bonheur est innocent » : on ne peut à la fois être heureux
  et le savoir ou y porter attention. Il y
  faut un « je ne sais pas », un silence
  d'esprit, une absence, une certaine
  ignorance. Un respect du sacré en nous.

* Si je savais comment toutes ces choses
  se font, elles ne se réaliseraient pas

davantage, probablement moins et peut-être pas du tout.

❊ En ce qui regarde l'éveil du cœur ou de l'âme – le rattachement à une intelligence en nous qui dépasse le mental analytique –, ce serait la même chose : ce qui s'occupe de la croissance du corps s'occupe également de la croissance de l'âme. Or cette croissance agit toujours *incognito* et n'a pas besoin de notre attention pour fonctionner.

❊ En effet, tout cela se produit sans que l'on sache ni comment, ni quand, ni pourquoi, et ne se fait pas si nos concepts, nos attentes et nos scénarios en bloquent le courant spontané.

CET ÉCRIT NE TRANSMET PAS L'EXPÉRIENCE QUE J'AI VÉCUE.

Du vécu au pensé

Or on ne peut parler de ces processus sans les dénaturer. (J'en ai déjà glissé un mot lorsque je parlais du rêve.) Autrement dit, on ne peut exprimer le vécu par le pensé. Ici, la parole/pensée est de trop, ou tellement insuffisante qu'elle dégrade et défigure le vécu. En effet, comment exprimer nos sentiments profonds – tristesse, joie, passion, désir, solitude ? Plus nos sentiments sont profonds vis-à-vis de quelqu'un,

moins on peut en parler. Même dire « je l'aime »
apparaît d'une telle pauvreté, d'une telle plati-
tude, comme une chose si générale, si usée, si
vidée. L'amour ou la peine que je vis en ce
moment ne peuvent rentrer dans l'étau des
phrases toutes faites ou du vocabulaire déjà
consacré. Ils sont uniques. Ce que l'on vit est
toujours unique. Comment transmettre l'unique
par un langage appartenant à tout le monde?
Comment réduire à des lignes de mots un
contenu qui défie par son épaisseur toute réduc-
tion?

Pourtant, ce que j'ai vécu pendant mes trois
jours de solitude et de silence, est loin d'être
mon expérience la plus profonde ou la plus
importante que l'humain puisse connaître. Et
cependant, même cette modeste descente intérieure résiste à l'expression. Car j'ai vécu quelque chose, je ne l'ai pas tout d'abord pensé.
Quelque chose est venu avant la pensée, quelque
chose qui appartient tout d'abord, et probablement tout à fait, au corps. C'est ensuite parce
que la pensée est venue que je me suis aperçu
qu'elle ne traduisait pas le vécu, qu'elle créait un
décalage, ne faisait que résumer l'événement.

L'excès des écrits « spirituels »

Étant donné que le vécu ne peut être ni pensé ni
traduit par la pensée ou la parole, je crois qu'il
y a vraiment trop d'écrits racontant des visions,

des transformations d'amateurs, des extases et des conversions miraculeuses, c'est-à-dire un prétendu vécu. Or ce qui appartient au silence d'avant la pensée (c'est-à-dire au senti/vécu) ne peut être livré sans être profané, délavé, vidé. Et cela est ainsi non pas parce que nos paroles sont inadéquates, mais parce que cela est d'un autre niveau, d'une réalité inatteignable par la pensée (et donc par la parole).

Voilà pour moi le domaine du sacré. Dès que l'on croit l'exprimer, on le viole, on le profane. On en fait une chose, un objet séparé du reste, tout comme on a fait avec la sexualité, qui a perdu son sens une fois perçue comme chose séparée de toute la personne, dévoilée, dépliée au vu et au su de tout le monde. Fouiller dans la vie privée pour en extraire les actes sexuels, c'est profaner la personne que l'on livre aux passions du public ; du même coup, pour le *paparazzi* qui fait cela, c'est un acte dégradant. Cela fait perdre tout le sens du sacré que contient la vie. Mais ce n'est jamais le sexe qui est honteux, c'est la façon dont on le dénature en le réduisant à une activité coupée de l'ensemble du vécu. Or il est plus facile que jamais de tout profaner aujourd'hui, maintenant que la permissivité, les droits illimités de l'individu et le manque de respect pour l'inconnaissable et l'innommé s'étalent à la vue de tous.

Le domaine « spirituel » : un abus de langage

Dans les processus profonds de transformation, on prétend souvent y être pour quelque chose, du fait que l'on comprend intellectuellement le langage des soi-disant « sages » qui en parlent. Mais c'est ici que l'on se rend compte que le monde « spirituel » est en grande partie un abus de langage, voire un leurre. Et c'est ce langage même, utilisé par les « spirituels », qui contient l'illusion que l'on peut transmettre le vécu, alors que c'est ce qui est pensé, et non pas ce qui est vécu, qui est toujours transmis. Mais à cause de ce malentendu profond et fort répandu, le pensé et le dit finissent par remplacer le vécu. (Il est d'autant plus facile de parler de « spirituel » que l'on n'a pas à le vivre pour en parler !)

Les disciples lisent les écrits de leur maître, croyant que ceux-ci contiennent son vécu, alors qu'ils ne contiennent bien sûr que sa pensée. Or comme celle-ci est facile à comprendre, le disciple croit vivre ce qu'il comprend, alors qu'il ne fait que le penser. Et pour le lecteur, seul compte le vécu – le vécu de celui qui lit, non de celui qui écrit. Le fait de vivre accroché, soumis, identifié à ces paroles empêche le disciple de trouver son chemin individuel, d'être fidèle à lui-même, d'entrer en contact avec son propre destin. Maintenant qu'il connaît la pensée du maître et croit vivre aussi sa vie, il sera empêché de se connaître lui-même – ses faiblesses, ses expériences, ses fuites, ses peurs et ses désirs, ce parcours qui lui est propre et que son maître ne peut vivre pour lui; il ne peut même pas lui montrer comment y parvenir*. (La connaissance de soi et l'autonomie intérieure sont un chemin que l'on ne parcourt que seul. Et même si de l'aide peut être fournie par certaines personnes, certaines situations ou certaines expériences, il reste que tout apport extérieur doit être digéré, assimilé et repris entièrement par l'individu, comme toute nourriture venant de l'extérieur. Tout doit renaître en soi comme si c'était nous-mêmes qui l'avions créé.)

Le disciple apprend ainsi à imiter quelqu'un d'autre; il reste dépendant, à un point qu'il ne saurait reconnaître, puisqu'il est envoûté. Il ne s'est pas mis au monde: il reste dans le sein du maître, accroché à lui.

Un jour, sans doute après avoir nagé pendant longtemps dans les eaux dites «spirituelles», on reconnaîtra que ce monde-là n'existe pas en soi, qu'il est fabriqué par la projection mentale, et doré de tous les fantasmes, de tous les désirs et de toutes les attentes du disciple. (C'est encore, comme la sexualité dont je parlais précédemment, une chose que l'on a séparée de l'ensemble de soi et de la vie, c'est-à-dire profanée.) Car il

---

* «Si vous avez un gourou, vous ne vous connaissez pas.»
Dr RICHARD VERREAULT

s'agit bien d'une relation avec les choses, une qualité de rapport qui se crée entre les parties de nous-mêmes, entre les personnes et la vie. C'est la vie vécue avec une conscience aiguë de tous ses rapports et de tous ses aspects – corps, sensation, sexualité, sentiment profond, émotivité de surface, pensée, aspiration, croyance, attache, peur et colère – sans en rejeter, mépriser ou favoriser aucun. C'est l'unité retrouvée : l'autonomie.

C'est donc toujours par rapport à la vie – au vécu – que l'adjectif « spirituel » prend son sens. Aussi convient-il de dire que ce qui n'est pas vécu ne peut jamais appartenir au « spirituel »; c'est du bois mort, de l'emprunté, de l'ersatz. Un concept sans vie.

Il convient également de répéter que cette qualité de connaissance ou de regard n'existe que par rapport à des situations, à des tranches de vie complètement incarnée – travail, affaires, affection, famille, éducation. Par exemple, on pourrait parler d'éducation « spirituelle », ce qui supposerait que le substantif « éducation » existe tout d'abord, avant qu'il puisse être affublé de l'adjectif « spirituelle ». C'est le substantif qui donne au qualificatif sa valeur et sa raison d'être. C'est le vécu/senti qui donne, qui permet à la relation tout englobante d'être incarnée, concrète, réaliste et quotidienne.

C'est la vie vécue qui compte et c'est elle qui garantit que l'éclairage fourni par la connaissance de toutes les couches de son être ne nous éloignera pas du vécu quotidien et ne dévalorisera jamais celle-ci. Au contraire, cet éclairage que fournit l'intelligence du corps donne enfin au présent quotidien toute sa dimension. Ainsi, l'amour, l'argent, l'engagement social, la sexualité, le plaisir, la famille, les arts et les sports font tous partie du VÉCU et appartiennent, par conséquent, à la vie « spirituelle ».

L'intelligence cachée

Nous sommes conscients de certaines choses, et nous pouvons analyser autant que nous pouvons accumuler une somme énorme de phénomènes, d'expériences et de données objectives passées ou présentes. Pourtant, le conscient demeure une banquise baignant dans une mer de non-conscient, c'est-à-dire dans un champ de conscience inaccessible au cerveau analytique. Les philosophes les plus avertis d'aujourd'hui disent même que 90 % de la pensée est inconsciente.

Mais le mot « inconscient » a pris une tangente négative avec Freud, corrigée ensuite par son disciple Jung. Le préfixe « in » exprimait le mépris du psychanalyste pour ce cloaque infect d'instincts bestiaux, tout comme l'anthropologue Lévy-Bruhl a rendu célèbre la méprisante expression « les primitifs » appliquée aux civilisations mal connues de l'Afrique et des îles.

L'esprit occidental croyait déjà que, grâce à sa raison et à sa science, il connaîtrait toutes choses connaissables et que tout ce qui n'était pas encore expliqué le serait un jour. C'est ainsi qu'il n'y avait, pour les positivistes de l'époque, rien qui soit inconnaissable dans l'Homme, et la connaissance de l'inconscient était la première preuve que rien ne résisterait à la puissance de l'esprit analytique.

Mais nous savons maintenant qu'ils se sont mis le doigt dans l'œil ! Car l'humain ne peut être compris de l'extérieur, et la connaissance que chacun a de lui-même échappe complètement à la prise scientifique. À ce sujet, la science quantique nous en a beaucoup appris en nous démontrant que toute connaissance scientifique est incertaine et qu'elle n'est jamais complètement objective ni détachée, puisqu'il n'est pas possible de connaître sans participer à la chose connue. (C'est cette science qui a commencé à rétablir la plausibilité d'une dimension sacrée des choses, éventée par le positivisme passé.)

En fait, l'humain ne peut être analysé dans son entier ni dans toutes ses couches, du seul fait que ce tout contient l'esprit qui est justement ce qui effectue l'analyse. (Et comment le feu peut-il se brûler lui-même ?) Même le cerveau est loin d'être compris. L'origine de la vie non plus n'est pas encore connue. On ne sait même pas ce qu'est la vie dans son essence : on ne connaît que les vivants, c'est-à-dire des manifestations de la vie, des témoins aussi incontestables que muets. On ne sait comment on fait pour penser ; pourtant, c'est bien cela que Freud et ses compères faisaient sans en reconnaître la source, le pourquoi ou le comment. On ignore également comment le corps fait pour que le cœur batte, que les poumons respirent, que la circulation se poursuive même pendant le sommeil (que l'on ne comprend pas non plus). On ne sait même pas comment on s'y prend pour faire un geste aussi simple que lever le bras – et pourtant on le fait. Le cerveau est déjà en action depuis plusieurs années avant que l'on s'aperçoive de son existence et, plus tard, de son fonctionnement. (Si l'on dit que c'est simplement la Nature qui fait tout cela, c'est énoncer une tautologie qui n'explique rien. C'est comme si l'on disait « celui qui a créé tout cela, c'est le créateur » [la définition justement de « celui qui crée »]. Et comme la Nature, c'est ce qui naît spontanément, cela n'avance à rien de dire que « tout ce qui naît ou se fait spontanément, c'est dû au fait que cela agit spontanément » !)

Or quelque chose dans l'organisme humain semblait connaître le rôle et la nécessité du cerveau bien avant que l'on en soit devenu conscient. Non seulement l'intelligence du corps (le vécu/senti) dépasse de beaucoup la force de la pensée, mais celle-ci semble avoir été prévue par le cerveau lui-même qui devait ensuite être analysé par cette pensée.

En fait, si l'humain est si brillant, comment se fait-il qu'il ne comprenne pas le cerveau qui lui permet de l'être ? Et si l'on ne peut même pas le comprendre ou l'expliquer, comment croire que la pensée analytique aurait pu le produire ? Mais tous ces culs-de sac demeurent inavoués, étant considérés comme *tabous* par la science, dont on ne veut jamais laisser paraître les limites. (La position de la science consiste essentiellement à dire qu'il n'y a pas de mystère incompréhensible, qu'un jour tout sera clair comme de l'eau de roche, et que ce qui demeurera irrémédiablement obscur, c'est l'inexistant ou l'imaginé, comme cette idée d'une intelligence ou d'une sagesse inaccessible à la pensée analytique.)

Et pourtant, pas de science sans un cerveau préalable. Alors que le contraire – pas de cerveau sans science – n'est pas vrai, puisque le cerveau existait bien avant la science, celle-ci étant du reste une conquête fort récente. Même à la naissance, le cerveau existe, croît, se forme, de sorte qu'à un certain moment apparaissent la pensée, la parole, puis l'abstraction, les sciences – dont la biologie et la neurologie qui étudieront le cerveau. Donc, chacun de nous était vivant dans un corps avant de savoir penser ou parler ! Le vécu précède et englobe tout l'être de sa sagesse, bien avant qu'il soit possible d'en parler. La science n'a aucune prise sur la séquence des événements qui ont permis son arrivée :

1. la vie ;

2. la vie organique (le corps conte-
   nant/produisant le cerveau) ;

3. la pensée émergeant du cerveau (une
   fois celui-ci bien formé) ;

4. et, finalement, la pensée fragmentaire
   qui, à son tour, va analyser ce cerveau
   qui la dépasse complètement !

L'organisme humain serait donc plus intelligent que le cerveau qu'il nourrit et fait pousser
en son sein, qu'il forme ensuite de façon que ce
cerveau puisse un jour s'étudier lui-même au
moyen de la pensée. Il m'apparaît donc évident
qu'il y a en nous beaucoup d'inconnu et encore
plus d'inconnaissable. La conscience est une
banquise à 90 % inconsciente.

L'exploration intuitive

Ce qui va suivre n'est évidemment pas scientifique, c'est-à-dire démontrable ou prouvable.
Mais cela ne peut-il pas être intelligent quand
même, s'il y a une autre forme de vérification ?
Car ce que je dis ici, on peut l'« intuitionner », le
pressentir et l'expérimenter. Du reste, on ne peut
non plus prouver que l'on souffre d'une peine
intérieure, mais cette situation n'en diminue pas
l'intensité !

Premier pressentiment

Je me permets donc d'affirmer, à partir de mon expérience, que le vécu profond – senti et non pensé – ne peut être transmis par des mots. Même si cette journée que je vis était enregistrée, filmée, racontée, elle ne serait jamais traduite adéquatement, et les innombrables couches, toutes dimensions confondues, ne pourraient jamais être réduites à des mots alignés comme un mille-pattes en mouvement.

Déjà, au niveau de l'embryon, la vie en nous contient des mémoires minérales, animales et végétales. Elle contient également les empreintes immémoriales de la race humaine, dans un temps toujours présent, suspendu comme un immense aquarium dans l'espace.

Deuxième pressentiment

Je sens qu'il y a en moi toute une intelligence qui précède le mental, qui fonctionne indépendamment de celui-ci et qui le dépasse sans lui être étrangère ou séparée. Cette intelligence n'est pas séparée du corps, puisqu'elle l'anime, qu'elle en est le sens profond et qu'elle est inconnaissable sans le corps. En ce sens, on peut dire que cette intelligence est le corps lui-même qu'elle engendre tout en s'en occupant, un peu comme la mère enceinte s'occuperait de son enfant. Elle veille sur lui durant le sommeil – c'est là que sa présence est la plus évidente –, puisque le cœur bat, les poumons respirent, la circulation se poursuit, la mutation des cellules continue ainsi que la croissance et la guérison physique. Et pourtant, pendant ce sommeil, je n'y suis pour rien, je n'y suis même pas du tout : ma volonté, mon esprit d'analyse (ma raison), mon discernement, ma conscience d'être quelqu'un sont totalement absents. Il est clair ici que l'intelligence de l'organisme n'a guère besoin du mental analytique pour fonctionner (ce qu'elle fait même mieux que pendant l'état de veille).

Troisième pressentiment

L'intelligence de l'organisme – lorsque je lui fais confiance – m'indique ce qui est bon ou nocif pour le corps, elle «intuitionne» des solutions, fait pressentir des événements, rend sensible et vigilant à la présence de personnes nuisibles ou malhonnêtes. Elle est douée de cette saisie d'ensembles immédiate, globale mais également inexplicable, c'est-à-dire de cette perception qui «intuitionne» des réponses, des inventions et des trouvailles. Il y a toute une mer de conscience en moi, dont je ne saurais toucher le fond. Une profondeur que je ne pourrais connaître, non parce que la sonde de l'esprit serait trop peu sensible, mais parce que cette réalité n'est pas un objet en dehors de moi que je pourrais connaître comme une chose détachée. Je ne peux jamais l'isoler : c'est toujours un peu moi. Si bien que je ne crois pas pouvoir jamais me connaître entièrement, du fait que mon mental ne comprend que des morceaux, et que la totalité inclut même mon mental (qui n'est lui-même qu'un morceau parmi d'autres).

Il y a le sentiment d'être porté par la vie comme par un courant qui me précède, d'être relié à ce qui précède, d'y être même présent, tout comme à ce courant qui me porte actuellement. Il y a la conviction que le corps seul est né (du corps de la mère) et qu'il y a une conscience en moi qui ne peut imaginer être hors de la vie – mais toujours en vie, selon la merveilleuse expression – et qui sait inexplicablement qu'elle n'est pas née et ne peut mourir, alors que le corps est déjà depuis longtemps happé par l'entropie.

Il est sûr qu'arrivé à ce point, l'orgueil du mental analytique perd pied. Lui qui n'accepte pas qu'il y ait des choses inexplicables (il en fait un dogme préalable) et dont il fait lui-même partie, refuse d'admettre que ce qu'il nomme l'inconscient soit en réalité le plus-que-conscient, la surconscience en quelque sorte, la conscience englobante qui comprend le cerveau (en tous les sens du mot, puisqu'elle le produit), présidant à la formation et à la naissance de celui-ci, tout en demeurant pour longtemps, sinon pour toute la vie de l'individu, une réalité inconnue, même niée ou simplement ignorée (surtout par les savants qui, pourtant, s'en servent plus que les autres, par exemple dans l'intuition d'une hypothèse).

Quatrième pressentiment

Reprenons le tout. Ce champ d'intelligence (semblable au champ quantique dont n'apparaît que le corps perceptible), qui comprend le corps et le maintient en vie, est inconnaissable, inexplicable, intransmissible par la parole ou par la pensée. Cela est inconnaissable parce non séparé de moi, mais moi-même, dans mon sous-bassement. C'est ce que j'ai nommé le sacré, mais qui n'a en réalité pas de nom. On pourrait bien l'appeler le sans-nom, l'innommé ou l'innommable, l'invisible ou l'absent. Mais ce qui est clair, c'est que ce n'est ni une chose ni une personne. C'est plutôt l'envers des choses, leur concavité pour ainsi dire, comme le creux d'un moule, le vide qui est gros de toutes les possibilités. (Ce ne peut être une personne, parce que celle-ci est toujours perçue et se perçoit toujours comme séparée du tout. Ce ne peut donc pas être un personnage mythique comme Jésus ou Krishna, puisque c'est alors quitter la totalité englobante du sacré. En somme, le sacré ne peut être personnel.)

Or, au regard du mental analytique, la dimension sacrée, appelée ici « intelligence du corps », apparaît comme une non-connaissance. Cette intelligence demeure toujours secrète tout en étant présente dans tout l'organisme. L'idée qu'elle nous apparaisse comme une in-connaissance est connue depuis très longtemps. Cela remonte aux Anciens chinois et aux Indiens, et se trouve également chez Héraclite, le Grec. Au XIVᵉ siècle, un livre intitulé *Le nuage d'inconnaissance* parlait de cette impossibilité d'atteindre ce qui en nous est primordial, impensable, trop près pour être perçu, trop semblable à nous pour en être distinct. Un nuage nous empêcherait ainsi de voir le soleil. Le mental analytique serait ici aveugle. Il ne doit pas y mettre le nez. Cela fonctionne spontanément et tout ce qui en nous fonctionne spontanément – pouls, digestion, instincts, capacité de guérir, croissance, intuition, amour, créativité, admiration – semble animé ou inspiré par cette intelligence, semble même être celle-ci. En effet, cet ensemble de réalités, c'est finalement nous-mêmes.

Très souvent dans ma vie, j'ai fait des gestes que je ne comprenais pas ou pris des décisions sans en connaître toutes les données. Même actuellement, je ne saurais comprendre pourquoi j'ai agi ainsi. Mais c'est comme si le sens de tout ce courant de vie n'émergeait qu'après coup, comme si j'étais à un certain niveau conduit aveuglément (je n'y vois pas, mais quelque chose semble y voir clair), que tout finit par entrer dans une totalité qui, tout en demeurant inexplicable et incompréhensible, se gonfle de sens à mesure que cela se déploie. Mais je m'aperçois aussi que si je ne fais pas confiance à cette sagesse, si je préfère écouter le mental analytique et linéaire, celle-ci s'obscurcit, s'embue, s'ennuage.

Dernier pressentiment

Finalement, ce champ d'intelligence m'apparaît inséparable de moi, de mon organisme, de la totalité de cette vie. Et pourquoi ? Parce ce n'est pas une réalité transcendante, c'est-à-dire un au-delà, coupé de nous. C'est même le contraire du transcendant (auquel on associe habituellement le monde « spirituel » en le considérant comme ailleurs et en haut). En effet, ce n'est pas le divin conçu comme un autre ou le « tout autre », comme l'*outsider*, l'exclu de la vie corporelle, émotive et mentale (qui, elle, est perçue comme négative et inférieure). Il y a eu confusion : cette intelligence inconnaissable n'est que la partie submergée de la banquise de l'être, c'est le nous-même imperceptible au langage et à la pensée, le silence qui subsiste même lorsqu'il y a parole et qui demeure inséparable de celle-ci. Toute parole aussi est une banquise, comme toute émotion, comme tout regard. Tout cela se fait comme si ce n'était pas moi, et pourtant, c'est en même temps moi, le moi qui ne se regarde pas, mais qui vit de spontanéité.

Cela ne peut être connu ou trouvé par l'effort ; cela émerge et se révèle lorsqu'on a reconnu qu'on ne peut l'atteindre. On ne peut s'atteindre ni se connaître à fond. En raison de quoi, on ne peut non plus connaître ni atteindre complètement un autre. Et en raison de cela également, on ne peut tout savoir sur soi (encore moins sur autrui), non parce que c'est indécent ou défendu, mais parce que ce que l'on vit de plus profond est incompréhensible sur le plan des apparences. Cela parle dans une langue inconnue et il n'est pas possible de lui trouver de traducteur ou d'interprète. Comme le disait le philosophe Wittgenstein : « Ce que l'on ne peut exprimer, il vaut mieux le taire. »

Justement, il est dommage qu'il faille employer tant de mots pour dire que l'essentiel en nous est inexprimable. Mais je me devais d'attirer l'attention sur ces questions, pour dissiper les malentendus qui y règnent et, surtout, pour faire voir que le domaine dit sacré est quelque chose qu'il vaut mieux laisser tranquille, une fois que l'on a compris qu'il ne peut qu'être profané par nous.

Mot de la fin

Ainsi se termine cette exploration de l'autonomie. Il m'apparaît évident que c'est la connaissance de soi qui nous conduit sur cette route. Il m'apparaît également clair que l'autonomie permet d'être librement en contact avec toutes les dimensions de son être et les diverses situations que la vie nous présente. Une fois que fleurit la fidélité à soi, nous pouvons nous laisser conduire par la sagesse du corps, qui peut enfin retrouver son état naturel, c'est-à-dire ne plus être affectée par l'émotivité ou le contrôle mental.

LECTURES SUGGÉRÉES

COMTE-SPONVILLE, André. *De l'autre côté du désespoir*, Éditions l'Originel.

HILLESUM, Etty. *Une vie bouleversée*, Éditions du Seuil.

LUSSEYRAN, Jacques. *Et la lumière fut*, Éditions Les Trois Arches.

TABLE DES MATIÈRES